UTB

W0282065

UTB **3428**

Eine Arbeitsgemeinschaft der Verlage

Böhlau Verlag · Köln · Weimar · Wien
Verlag Barbara Budrich · Opladen · Farmington Hills
facultas.wuv · Wien
Wilhelm Fink · München
A. Francke Verlag · Tübingen und Basel
Haupt Verlag · Bern · Stuttgart · Wien
Julius Klinkhardt Verlagsbuchhandlung · Bad Heilbrunn
Lucius & Lucius Verlagsgesellschaft · Stuttgart
Mohr Siebeck · Tübingen
Nomos Verlagsgesellschaft · Baden-Baden
Orell Füssli Verlag · Zürich
Ernst Reinhardt Verlag · München · Basel
Ferdinand Schöningh · Paderborn · München · Wien · Zürich
Eugen Ulmer Verlag · Stuttgart
UVK Verlagsgesellschaft · Konstanz
Vandenhoeck & Ruprecht · Göttingen
vdf Hochschulverlag AG an der ETH Zürich

Uni Tipps

herausgegeben von Helga Esselborn-Krumbiegel

Markus Herrmann / Michael Hoppmann /
Karsten Stölzgen / Jasmin Taraman

Schlüsselkompetenz Argumentation

Ferdinand Schöningh

Die Autoren:

Markus Herrmann hat Philosophie, Latein und Allgemeine Rhetorik in Heidelberg, Tübingen und Essex studiert. Als Dozent für Rhetorik ist er an zahlreichen Hochschulen tätig und gibt Redetrainings in Bildung, Wirtschaft und Politik. Derzeit promoviert er sich im Fach Philosophie an der Universität Tübingen.

Dr. Michael Hoppmann hat Allgemeine Rhetorik und Philosophie in Tübingen und Barcelona studiert. Er ist Koautor und Herausgeber zahlreicher Bücher und Artikel zu unterschiedlichen Aspekten der Rhetoriktheorie und -praxis, u. a. des UTB Trainingsbuchs Rhetorik. Zur Zeit lehrt er angewandte Rhetorik und Argumentationstheorie an der Northeastern University in Boston.

Karsten Stölzgen ist Personalberater und Kommunikationstrainer und lebt in Köln. Er hält einen Lehrauftrag für Rhetorik an der Universität Salzburg und war Dozent an verschiedenen deutschen Hochschulen. Karsten Stölzgen war bester Redner im Finale der deutschen Debattiermeisterschaften.

Jasmin Taraman ist Absolventin der Allgemeinen Rhetorik an der Universität Tübingen. Aktuell schließt sie ihren Research Master in Rhetoric, Argumentation and Philosophy an der Graduate School for Humanites der Universität Amsterdam ab. Als Mitgründerin und erste Vorsitzende der Dialektischen Gesellschaft in Tübingen hat sie sich sowohl theoretisch als auch praktisch intensiv mit dialogorientierten Trainingsformen befasst, allen voran mit der modernen Disputation.

Bibliografische Information der Deutschen Nationalbibliothek

Die Deutsche Nationalbibliothek verzeichnet diese Publikation in der Deutschen Nationalbibliografie; detaillierte bibliografische Daten sind im Internet über http://dnb.d-nb.de abrufbar.

(Verlag Ferdinand Schöningh GmbH & Co. KG, Jühenplatz 1, D-33098 Paderborn)
ISBN 978-3-506-77025-7

Printed in Germany.
Herstellung: Ferdinand Schöningh, Paderborn
Einbandgestaltung: Atelier Reichert, Stuttgart

UTB-Bestellnummer: 978-3-8252-3428-7

Inhaltsverzeichnis

Zum Gebrauch dieses Buches

Argumentation kennt viele Facetten, und so versucht auch das vorliegende Buch die unterschiedlichen Aspekte dieses weiten Themenfeldes in sieben Kapiteln abzuhandeln. Die Frage, was Argumentation überhaupt ist, und wie sie sich von verwandten Gebieten wie Verhandlung oder Drohung unterscheidet, wird in der **Einleitung** geklärt. In **Kapitel 2: Argumente finden** werden Techniken vorgestellt, mit deren Hilfe wir uns nicht ohne gute Argumente in eine verbale Konfrontation begeben müssen – oder mit denen eine bereits solide Argumentation weiter verstärkt werden kann. Sind die Argumente gefunden, schult **Kapitel 3: Argumente ausbauen** diese richtig in den Kontext einzubetten und zur vollen Schlagkraft zu vertiefen. **Kapitel 4: Argumente widerlegen** beschäftigt sich damit, dass unser Gegenüber unsere Argumentation angreift oder wir ihn widerlegen wollen. Im Fokus von **Kapitel 5: Argumentative Selbstverteidigung** steht der im Alltag besonders häufige Fall, dass wir uns einer Beschuldigung erwehren müssen oder jemanden für sein Verhalten angreifen wollen. Auf der Argumentation nahe stehende Disziplinen wie Gesprächsstrategien und Fehlschlüsse geht **Kapitel 6: Keine Argumentation** ein. Den Abschluss bildet **Kapitel 7: Argumentativer Zweikampf**. Dort wird mit der modernen Disputation eine sportliche Argumentationstrainingsform vorgestellt, in der viele der zuvor gelernten Inhalte sich gebündelt und über Jahre hinweg wie ein Wettkampfsport trainieren lassen.

Zwar bauen einige dieser Kapitel aufeinander auf, aber es ist dennoch nicht zwingend notwendig, sie der Reihe nach zu lesen. Sollte ein Thema von besonderem Interesse sein, hilft bei unklaren Begriffen das **Glossar** am Ende des Buches weiter. Um die Lesbarkeit darüber hinaus zu erleichtern, arbeitet dieses Buch mit vier Streitfällen, auf die sich fast alle Beispiele in den folgenden Kapiteln beziehen. Der erste Streitfall besteht zwischen einem Pärchen, das sich die Frage stellt, ob der Strandurlaub in Dubrovnik einem Wochenende auf dem Musikfestival „Rock am Ring" vorzuziehen ist. Den zweiten Streitfall bildet die in der Gesellschaft viel diskutierte Frage, ob eine flächendeckende Videoüberwachung eingeführt werden soll. Der dritte Streitfall dreht sich um die Frage, ob Zoos abzuschaffen sind, und der vierte handelt von einer Person, der Untreue vorgeworfen wird.

Im Bereich der Argumentation besteht ein wesentlicher Teil der erlernbaren Techniken aus so genannten **Heuristiken**. Dabei handelt es sich zumeist um systematisierte Listen, die dabei helfen, die kreativen und assoziativen Fähigkeiten des Argumentierenden für den jeweiligen Fall zu wecken. Anhand der Heuristiken lassen sich so Argumente oder Einwände finden, die einem zuvor verborgen geblieben wären. Der Blick wird möglichst systematisch und zielgerichtet für die zahlreichen Aspekte einer Streitfrage geschärft. Allerdings gilt es bei Heuristiken aber auch Vorsicht walten zu lassen. Schnell überkommt einen falscher Vaterstolz. Nur weil man ein Argument gefunden hat, heißt dies noch nicht, dass es ein *gutes* Argument ist. Was man – stolz auf die eigene Leistung – erwartungsvoll in den Raum stellt, kann beim Zuhörer schnell als nebensächlich oder gar unangemessen empfunden werden. Daher ist es beim Einsatz solcher Heuristiken dringend erforderlich, mit kritischem Urteil alle gefundenen Argumente nochmals zu beleuchten.

Dieses Buch ist dabei weniger als ein Lehrbuch zur Wissensvermittlung zu verstehen. Man kann es zwar von vorne bis hinten durchlesen und dann beiseite legen – und das mit Gewinn. Die eigenen argumentativen Fähigkeiten auf eine ganz neue Stufe heben wird man allerdings nur, wenn man es aktiv liest, also die vielen kurzweiligen **Übungen** zu den einzelnen Inhalten wiederholt absolviert. So lassen sich die zahlreichen, mitunter komplexen Inhalte in der Anwendung lernen. Und ob man eine Sache wirklich verstanden hat, zeigt sich wie so oft erst beim Gebrauch. Um ein möglichst vielfältiges Angebot an Übungen zu bieten, nutzt dieses Buch ein **duales Konzept**: Das Hauptaugenmerk der Kapitel 1 bis 6 liegt dabei auf den Erläuterungen der unterschiedlichen Aspekte von Argumentation. Zudem finden Sie in diesen Kapiteln mehrere Übungen, die es Ihnen erlauben, die präsentierten Inhalte zu erlernen und zu vertiefen. Doch gerade um die Inhalte des Buches sich nachhaltig und dauerhaft aneignen zu können, stellt Ihnen die **Internetpräsenz der UTB** *(www.utb-mehr-wissen.de)* weitere Übungen und zahlreiche Materialien zur Verfügung. Im Buch steht dann bei den entsprechenden Inhalten ein Hinweis darauf, welche der Übungen im Internet jeweils relevant sind. Eben diese weiterführenden (und manchmal auch einleitenden) Übungen ermöglichen es Ihnen erst, das ganze Reich der Argumentation, wie es in diesem Buch vorgestellt wird, zu trainieren. Wagen Sie daher den Sprung aus diesem Buch ins Internet: Es lohnt sich in jedem Fall!

Es gibt drei Arten von Übungen. Die einfachste Übungsart stellen die **Einzelübungen** dar. Sie dienen dazu, alleine einen zuvor präsentierten Inhalt in der Anwendung nochmals zu durchdringen. Bei den **Gruppenübungen** versucht man dagegen, sich die Inhalte gemeinsam zu erschließen. Dieses Wissen aber dauerhaft in Fähigkeiten zu übersetzen vermögen vor allem die **agonalen Übungen**. Sie sind so konzipiert, dass sie auf spielerische Weise die motivierende Kraft des Wettkampfes wecken, um das bis dahin nur theoretische Verständnis in Fleisch und Blut übergehen zu lassen. Ohne Probleme können beispielsweise das Argumentations-Stadt-Land-Fluss oder das Argumentationstabu anstatt eines gewöhnlichen Spieleabends ein paar unterhaltsame wie auch erkenntnisreiche Stunden mit Freunden bescheren.

Die einzelnen Übungen folgen einem standardisierten Aufbau. Zuerst wird eine Übung anhand ihrer Lernziele vorgestellt. Danach folgt ein **blauer Kasten** der Basisinformationen enthält, beispielsweise um welchen Übungstyp es sich handelt, auf wie viele Personen die Übung ausgelegt ist oder welche Materialien dafür notwendig sind.

Noch eine kurze Anmerkung zur Verwendung der grammatikalischen Geschlechter in diesem Buch: Generell gilt, dass die maskuline Form wie im Deutschen üblich beide Geschlechter bezeichnet. Um die Lesbarkeit jedoch zu erhöhen, ist in diesem Buch diejenige Person, die zuerst eine Behauptung aufstellt (der Protagonist) männlich. Die Person, welche diese Behauptung angreift (die Antagonistin), ist weiblich.

Im Verlauf der Arbeit an diesem Buch ist uns vielfältige Hilfe zu Teil geworden, für die wir uns an dieser Stelle ganz ausdrücklich unseren **Dank** ausdrücken wollen. Für Hilfe in der Konzeptionsphase und für zahlreiche Rückmeldungen zu einigen der in diesem Buch vorgestellten Modelle und Übungen danken wir ganz herzlich den Mitgliedern von Streitkultur e.V., insbesondere Dr. Tim-Christian Bartsch, Bernd Rex und Markus Vergeest, die wertvolle Anregungen zu einer frühen Fassung der Disputationsübung beigesteuert haben. Ebenfalls für wertvolle Anregungen und Unterstützung in der Weiterentwicklung der Disputation möchten wir uns bedanken bei den Mitgliedern der Dialektischen Gesellschaft e.V., insbesondere bei Céline El Abd. Von unserem gemeinsamen Lehrer Prof. Dr. Joachim Knape haben wir im Verlauf unserer Tübinger Zeit wichtige akademische Grundlagen und weiterführende Hinweise und Inspirationen erhalten, für die wir sehr dankbar sind. In zahlreichen Kapiteln haben wir zudem sehr von den Arbeiten der pragma-dialektischen Schule profitiert, für die wir uns stellvertretend bei Prof. Dr. Frans H. van Eemeren bedanken möchten, der einigen der Autoren zugleich ein wichtiger persönlicher und akademischer Unterstützer war. Während der gesamten Arbeit an diesem Buch, in besonderem Maße aber während der abschließenden Korrekturphase haben wir eine herausragende Unterstützung von Annegret Linder erfahren, für die wir uns besonders bedanken möchten. Und schließlich ist noch die erneute reibungslose Zusammenarbeit mit dem Verlag und Dr. Diethard Sawicki zu nennen, welche die Arbeit an diesem Buch wesentlich erleichtert hat. Ihnen und Euch allen: **Danke!**

Sollten sich trotz dieser umfangreichen Unterstützung und der sorgfältigen Bearbeitung noch Fehler in dieses Buch eingeschlichen haben, so übernehmen wir natürlich die alleinige Verantwortung dafür. Dieses Buch ist ein Gemeinschaftswerk und das Ergebnis intersiver Auseinandersetzungen und Diskussionen. Naturgemäß liegt die genaue Ausgestaltung der einzelnen Kapitel jedoch in den Händen jeweils eines Autors und untergliedert sich wie folgt: Markus Herrmann ist **Primärbearbeiter** für Kapitel 2: Argumente finden sowie für das kommentierte Literaturverzeichnis. Michael Hoppmann ist Primärbearbeiter für Kapitel 1: Das Reich der Argumentation, Kapitel 4: Argumente widerlegen, Kapitel 5: Argumentative Selbstverteidigung sowie für das Glossar. Karsten Stölzgen ist Primärbearbeiter für Kapitel 6: Keine Argumentation. Jasmin Taraman ist Primärbearbeiterin für Kapitel 3: Argumente aufbauen. Kapitel 7: Argumentativer Zweikampf: die Disputation wurde gemeinsam von Markus Herrmann und Jasmin Taraman bearbeitet.

1. Das Reich der Argumentation: Einleitung

Stellen Sie sich einen sonnigen Mittelmeerstrand vor. Einen echten Traumstrand. Vor Ihnen rauschen ein paar ruhige Wellen auf den Sand, in der Ferne ist eine kleine Felseninsel zu erkennen. Zur Linken erhebt sich ein lang gezogener Hügel, bewachsen von mediterranen Bäumen und Sträuchern, und auf Ihrer rechten Seite werfen die vollständig erhaltenen Mauern einer mittelalterlichen Stadt ihren Schatten auf die Hafenanlage mit den Segelbooten. In Kürze: der ideale Ort, an dem man Urlaub machen möchte.

Sie haben sich auch schon eine Unterkunft in Dubrovnik gesucht, und die Urlaubskasse gibt einen Kurztrip ebenfalls her – aber da ist noch ein Problem: Ihre Partnerin, die Sie auf jeden Fall mitnehmen wollen, ist mehr der Typ für Rockfestivals im Urlaub und klingt bisher noch wenig begeistert. Sie haben einen klassischen Interessenkonflikt – und damit den Ausgangspunkt für Argumentation.

Ausgangspunkt: Interessenkonflikt

Ein **Interessenkonflikt** wie im vorliegenden Beispiel ist zwar eine notwendige Bedingung für die meisten argumentativen Fälle, aber beileibe noch nicht hinreichend. Mit anderen Worten: **keine Argumentation ohne Interessenkonflikt, aber viele Interessenkonflikte ohne Argumentation**. Die argumentative Auseinandersetzung ist nur eine – wenngleich auch vielleicht die eleganteste – Art, den eigenen **Willen gegen Widerstände durchzusetzen.**

Um einen Überblick über die wichtigsten Eigenschaften der Argumentation und einige ihrer Vorteile gegenüber anderen Formen der Auseinandersetzung zu geben, soll sie auf den folgenden Seiten gegenüber den wichtigsten Alternativen abgegrenzt werden. Als Beispiel wird dabei die Eingangsszene dienen – der Versuch, die Partnerin zum gemeinsamen Urlaub in Kroatien zu bewegen.

Durchsetzung des Willens mit Macht I: Gewalt

Die älteste und offenkundigste Form, den eigenen Willen gegen Widerstände durchzusetzen, ist sicherlich **reine körperliche Kraft oder Gewalt.** Dies muss nicht immer verwerflich sein: Der sorgende Vater, der dem

Kind das Feuerzeug aus der Hand nimmt, oder der Polizist, der den fliehenden Einbrecher verhaftet, bedienen sich beide dieses Mittels. In unserem Beispiel würde diese Alternative bedeuten, dass Sie Ihre Partnerin am Kragen packen, auf dem Beifahrersitz festschnallen und einfach losfahren.

Mal abgesehen davon, dass dieses Vorgehen vermutlich spätestens bei der Grenzkontrolle auf ernsthafte Hindernisse stoßen wird, hat körperliche Gewalt ganz grundsätzlich einige **offenkundige Nachteile** gegenüber Argumentation: Erstens setzt sie **körperliche Überlegenheit** voraus. Sollten Sie schmächtiger gebaut sein als Ihre Partnerin, oder sie eine erfolgreiche Ringerin sein, dann dürfte diese Alternative hier bereits ausscheiden. Zudem führt diese Alternative zweitens regelmäßig zu **starken Widerständen** oder Feindschaft. Das Kind mit Feuerzeug wird wenig später das Vorgehen des Vaters eingesehen oder vergessen haben, und dem Polizisten ist die Feindschaft des Einbrechers mit Recht egal. Aber in den meisten Alltagssituationen, unser Beispiel eingeschlossen, haben wir kein Interesse daran, uns den Zorn des Gegenübers zuzuziehen. Und drittens ist Gewalt schließlich auch nur eine sehr **kurzfristige Lösung**. Sobald wir einen Moment Schwäche zeigen, unaufmerksam sind oder uns schlicht abwenden, ist die Wirkung dieses Mittels vorüber und der Widerstand des Gegenübers in gleichem oder sogar noch stärkerem Maße weiter vorhanden. Diese erste Alternative ist also nicht nur aus allgemeinen menschlichen oder moralischen Erwägungen unterlegen, sondern auch aus rein taktischem Interesse: Sie ist meist zu aufwändig und führt nur zu kurzfristigen Ergebnissen.

Durchsetzung des Willens mit Macht II: Befehl und Drohung

Eng mit der ersten Form der Willensdurchsetzung verwandt, aber im Gegensatz zu dieser nicht mehr körperlicher, sondern verbaler Natur, ist der **Befehl oder die Drohung**. Auch diese Form der Widerstandsbewältigung basiert auf der Überlegenheit desjenigen, der seinen Willen durchsetzen will – dem Protagonisten. Hier besteht sie jedoch in der Regel aus dessen Fähigkeit, positive oder negative **Konsequenzen** herbeizuführen. Wer als Soldat den Befehlen seines Vorgesetzten nicht gehorcht, riskiert eine Nacht in der Arrestzelle, und wer als Schüler die Anweisungen des Lehrers befolgt, erhofft sich häufig bessere Noten. Die entsprechenden Druckmittel sind dabei zwar meist nicht ausdrücklich erwähnt, aber sie sind regelmäßig mitgedacht und erzeugen so normalerweise die erwünschte Wirkung.

Auf den ersten Blick wirkt es vielleicht so, als sei auch dieses Mittel in unserem Beispiel von vornherein abwegig. Allerdings kommen Befehle und Drohungen in vielfältigen Formen vor und müssen nicht immer gleich als solche erkannt werden. Das ebenso klischeehafte wie weit verbreitete „Und ich dachte, du liebst mich" ist dafür ein hervorragendes Beispiel. Doch auch unsere zweite Alternative hat gravierende Nachteile. Wiederum wird der Widerstand des Gegenübers – der Antagonistin – nicht gemindert, sondern gewaltsam besiegt. Und wiederum wird dieses Vorgehen häufig zu entsprechenden Ressentiments führen, die Sie auf Ihrer Reise an die Adria nicht gebrauchen können. Im Gegensatz zur körperlichen Gewalt hat der Befehl oder die Drohung jedoch zumindest den Vorteil, dass sie ihre Wirkung erst verliert, wenn sie erfüllt oder zurückgezogen wird, nicht aber bereits in einem Moment der Unaufmerksamkeit.

Durchsetzung des Willens durch Machtaustausch: Handel und Versprechen

Enger mit der reinen Argumentation verwandt ist die nächste Alternative: die **Verhandlung**. Doch auch sie folgt etwas anderen Spielregeln. Während bei der argumentativen Willensdurchsetzung Gründe ausgetauscht werden, setzt die Verhandlung auf **Tausch von Machtmitteln oder Vorteilen**. Der simpelste Fall dieser Form der Durchsetzung ist der Brötchenkauf beim Bäcker. Ich muss die Verkäuferin nicht davon überzeugen, mir die Brötchen zu überlassen – vorausgesetzt, ich bin dazu bereit, ihren Preis zu bezahlen.

In unserem Beispiel gibt es vermutlich eine Vielzahl von Dingen, die Sie Ihrer Partnerin anbieten können, damit sie sich auf das Urlaubsziel einlässt: konkrete Vorteile („Jeden Sonntag bis zum Urlaub den Kaffee ans Bett"), Aufgabe von Widerständen („Dann schaffen wir uns den neuen Fernseher an, den du wolltest"), explizite Versprechen („Das nächste Urlaubsziel suchst du aus") oder implizite Versprechen („Damit würdest du mir einen riesigen Gefallen tun").

Vielleicht gelangen Sie mit diesen Mitteln bereits ans Ziel, und vermutlich sind sie deutlich geeigneter als die vorangegangenen Alternativen. Die Nachteile der Verhandlung liegen jedoch ebenfalls auf der Hand. Sie haben Ihr Ziel zwar durchgesetzt, dafür aber andere **Zugeständnisse** gemacht, zu denen Sie sonst vermutlich nicht bereit gewesen wären. Im Idealfall einer erfolgreichen Verhandlung gehen dafür aber beide Parteien zumindest mit (subjektiv) besseren Bilanzen vom Tisch.

Veränderung des Gemütszustandes: Werbung

Gewissermaßen das Gegenstück zur rationalen Verhandlung und damit die andere Nachbardisziplin der Argumentation ist die **emotionale Persuasion oder Werbung**. Wem es gelingt, die richtigen **Reize beim Zuhörer** zu setzen, der kann in sehr großem Maße seine Meinungen, Gefühle oder Handlungen bestimmen – wenn auch meist nur für einen begrenzten Zeitraum. Wo immer rhetorische Mittel erfolgreich eingesetzt werden, finden sich emotionale Überzeugungsmittel: in der Politik, in der Produktwerbung, aber auch im Alltagsgespräch. Im praktischen Einsatz gehen sie zudem häufig Hand in Hand mit Argumentation. Dabei können die entsprechenden Gründe auch durchaus überzeugend sein, ihre volle Schlagkraft entfalten sie jedoch erst durch treffende Metaphern, bewegende Bilder oder die Ausstrahlung des Sprechers.

Vielleicht können Sie Ihre Partnerin einfach mit einem emotionalen Feuerwerk vom Urlaub überzeugen. Beschreiben Sie mal die sonnigen Sandstrände, oder die schattigen Cafés oder die Bar inmitten der Steilklippen zwischen Stadtmauer und Mittelmeer. Wenn es Ihnen gut gelingt, dann steht dieses Überzeugungsmittel der Argumentation in nichts nach oder ist ihr an unmittelbarer Kraft sogar überlegen. Der entscheidende Vorteil, den Argumentation gegenüber nichtargumentativen rhetorischen Mitteln jedoch hat, ist ihre **Dauerhaftigkeit** und ihre Fähigkeit, konstruktive Lösungen für schwierige Probleme zu erarbeiten. Die Bilder, die Ihre Partnerin vor ihrem inneren Auge hat, verblassen vermutlich schneller als verlässliche und vernünftige Gründe. Wobei sich beide Mittel keinesfalls ausschließen und – ganz im Gegenteil – sogar erst gemeinsam das vollständige Repertoire der klassischen Rhetorik ausmachen.

Zwischenergebnis: Gattung und Abgrenzungen

Zwei wichtige Schritte auf dem Weg zur Beantwortung der Frage „Was ist Argumentation?“ sind damit gemacht. Die **übergeordnete Gattung** der Argumentation ist die **Durchsetzung des eigenen Willens beziehungsweise der eigenen Meinung gegen Widerstände** in einer Meinungsverschiedenheit. Im Gegensatz zu anderen Formen der Willensdurchsetzung arbeitet Argumentation dabei jedoch ohne physische Gewalt („Macht I“), ohne die Nutzung hierarchischer Verhältnisse („Macht II“), ohne Austausch von Vorteilen oder Veränderung der Umwelt („Verhandlung“) und ohne die Manipulation des Gemütszustandes der Zuhörer („emotionale Persuasion“). Was bleibt damit noch?

Veränderung der Informationslage: Argumentation

Argumentation im engeren Sinne ist die Durchsetzung des eigenen Willens durch Veränderung fremder Meinungen und Absichten mit Hilfe von **Informationen**. Die meisten der Informationen, mit denen der Protagonist arbeitet, sind dabei der Antagonistin (oder der Zuhörerschaft) bereits latent bekannt. Ziel der Argumentation ist es, die Behauptung des Protagonisten an die bereits vorhandenen Meinungen, Kenntnisse oder Überzeugungen (das heißt Prämissen) der Antagonistin anzubinden. Mit anderen Worten: Argumentation zeigt dem Zuhörer auf, dass die strittige These (des Protagonisten) aus ihren eigenen **Grundannahmen** (das heißt den Grundannahmen der Antagonistin oder der Zuhörerschaft) folgt. Gelingt dies, dann hat die Antagonistin nur noch drei Möglichkeiten: einige ihrer Grundannahmen aufzugeben, vor sich und anderen ihr Gesicht zu riskieren und als grundlegend unvernünftig dazustehen – oder die These anzunehmen. Im Regelfall geschieht letzteres.

Argumentation am Beispiel

Zurück zu unserem Beispiel: Sie wollen weiterhin Ihre Partnerin davon überzeugen, dass die nächste Urlaubsreise nach Dubrovnik führt, und wollen es einmal mit vernünftiger Argumentation versuchen. Sie müssen also Ihre These („Dubrovnik ist ein ideales Urlaubsziel") an die Prämissen Ihrer Partnerin anbinden. Dazu haben Sie eine Reihe von Möglichkeiten, die alle noch eingehend im Verlauf dieses Buches vorgestellt werden. Sie konnten sie zum Beispiel mit einem Analogieargument daran erinnern, dass ihr die letzten Urlaube an der spanischen und an der italienischen Küste sehr gut gefallen haben. Oder Sie könnten ihr mit einem Autoritätsargument einen Artikel in ihrer Lieblingszeitschrift zeigen, die Dubrovnik gerade zum idealen Sommerziel gewählt hat. Oder Sie könnten Ihre Partnerin darauf hinweisen, dass man an der Adriaküste ideal den Segelschein machen kann, den sie schon immer haben wollte (Kausalargument) etc. etc.

Erlernbarkeit von Argumentation

Freilich ist es nicht immer ganz einfach, die treffenden Argumente zu finden, strukturiert vorzubringen und Schwachstellen zu vermeiden. Aber ein klares **Verständnis** der Funktionsweise von Argumentation gepaart mit argumentativem **Training** kann dabei maßgeblich helfen. Zu diesem Zweck werden die wichtigsten Techniken zur **Argumentationsfindung**, dem **Aufbau** von Argumenten, ihrer kritischen **Prüfung und Widerlegung** sowie wichtige **argumentative Situationen** in diesem Buch beleuchtet und trainiert. Abgerundet wird dieses Feld dabei von Techniken, die zwar nicht im engsten Sinne Argumentation sind, aber mit dieser häufig Hand in Hand gehen und wichtige Fähigkeiten im Alltagsgespräch fördern. Um an dieser Stelle die Einleitung in den Begriff der Argumentation abzurunden, bedarf es für ein grundlegendes Verständnis nur noch eines kurzen Blickes auf zwei Sonderfälle und auf den Anwendungsbereich von Rede und Gespräch.

Sonderfall 1: Selbstkontemplation

In der Erläuterung und dem Beispiel sind wir bisher vom paradigmatischen Fall ausgegangen: dem Widerstreit zweier Meinungen zweier Personen, der mit Argumentation gelöst werden kann. Als Regelfall ist diese Annahme sicherlich hilfreich. Sie soll aber nicht darüber hinwegtäuschen, dass zwei oder mehr Meinungen natürlich auch **innerhalb derselben Person** auftreten können. In diesem Fall, quasi dem **argumentativen Selbstgespräch**, wird das argumentative Für und Wider still abgewogen, die Verfahrensweisen und Techniken sind jedoch weitgehend dieselben. Wer also andere mit Argumenten gut zu überzeugen weiß, ist auch besser dazu in der Lage, mit seinen eigenen Zweifeln ins Reine zu kommen (ob er dies dann auch tut, steht freilich auf einem anderen Blatt).

Sonderfall 2: tiefe Meinungsverschiedenheit

Der zweite Sonderfall ist die so genannte **tiefe Meinungsverschiedenheit**. Argumentation lebt davon, dass die strittige These an Prämissen des Antagonisten oder der Zuhörerschaft angebunden werden kann. Dies ist mal leichter und mal schwieriger, gelingt aber auf stärkere oder schwächere Weise nahezu immer, da es zahlreiche Schlussformen gibt und jeder von uns hunderte und tausende von Prämissen hält, die zudem auch recht gut vorherzusagen sind. Es gelingt jedoch nicht immer. In diesen seltenen Fällen der tiefen Meinungsverschiedenheit kann die Differenz nicht mit Argumentation beigelegt werden. So werden etwa ein konsequenter Rassist und ein vehementer Verfechter des deutschen Grundgesetzes in einigen Bereichen entsprechend tiefe Differenzen haben. In diesen Fällen müssen die Parteien auf eine der anderen oben skizzierten Formen der Widerstandsbewältigung zurückgreifen. Im Alltagsgespräch dürfe das jedoch eine deutliche Ausnahme sein.

Argumentation in Rede und Gespräch

Die bisherigen Erläuterungen zur Argumentation haben durchweg auf Beispiele aus argumentativen Dialogen zurückgegriffen. Das bedeutet jedoch nicht, dass Argumentation ausschließlich oder in erster Linie in Gesprächen stattfindet. Ganz im Gegenteil – während viele andere rhetorische Regeln stark zwischen **Rede und Gespräch** variieren, ist dies bei Argumentation gerade nicht der Fall. Egal, ob Sie Ihre Partnerin im Gespräch vom Kroatienurlaub überzeugen wollen oder ob Sie vor einem größeren Publikum in einer längeren Rede Ihre Ideen vertreten, die **Grundlagen der Argumentation und ihrer Widerlegung sind dieselben.** Im Gespräch haben Sie jedoch einen schlagenden praktischen Vorteil: Ihre Antagonistin teilt Ihnen Fragen, Zweifel oder Widerstände normalerweise unmittelbar mit. Im Fall einer Rede sind Sie hingegen weitgehend darauf angewiesen, ebendiese Widerstände zu antizipieren oder aus den Reaktionen Ihrer Zuhörerschaft abzulesen. In gewisser Hinsicht ist damit das Gespräch der einfachere Anwendungsbereich für Argumentation und wird daher in diesem Buch häufiger als Beispiel herangezogen. Sie können aber fast alle Regeln in den jeweils anderen Bereich übertragen – unser Protagonist hat es also wahlweise mit einer Antagonistin oder einer kritischen Zuhörerschaft zu tun.

Schriftliche und mündliche Argumentation

Ähnlich wie die Unterscheidung zwischen Rede und Gespräch scheint auch die Unterscheidung zwischen **schriftlicher oder mündlicher Form** auf den ersten Blick relevant, ist aber für Fragen der Argumentation weitgehend belanglos. Die Anforderung an die Genese und den Aufbau oder die Widerlegung eines Arguments sind die gleichen, unabhängig davon, ob es Ihnen spontan einfällt, Sie es mündlich vorbereitet haben, es aus Ihren Notizen vorlesen oder die Notizen umarbeiten und als Brief oder Email versenden. Natürlich variieren ein paar praktische Gesichtspunkte. Grund dafür ist jedoch sehr selten die **mediale Form**, sondern meistens die **Begleitumstände** wie etwa begrenztere Vorbereitungszeit in vielen Formen der mündlichen Argumentation. Und selbst dort gibt es Überschneidungen: Zwar setzt das Alltagsgespräch (mündlich) mehr Spontanität voraus als der Brief (schriftlich), gleiches gilt aber auch für den Chat (schriftlich) im Vergleich zur Festrede (mündlich). Kurzum: Die Frage von Schriftlichkeit und Mündlichkeit ist keine primäre Frage der Argumentation und wird in diesem Buch daher nur in den Randgebieten (z.B. beim Gesprächsmanagement) behandelt.

Zusammenfassung: Argumentatives Training

Wir werden jeden Tag mit vielen kleinen und manchmal auch großen Meinungsverschiedenheiten und Interessenkonflikten konfrontiert. Jedes Mal müssen wir uns dann entscheiden, ob wir klein beigeben oder zumindest einen Teil unseres Willens durchsetzen wollen. Dazu stehen uns eine Reihe unterschiedlicher Alternativen zur Verfügung. Die wohl eleganteste davon ist die Argumentation. Elegant, weil dauerhafter und billiger als die meisten anderen Formen. Argumentation kommt ohne physische Gewalt aus, führt in der Regel nicht zu neuen Aggressionen oder Ressentiments und basiert nicht auf der Aufgabe eigener Vorteile. Neben diesen rhetorischen Vorteilen hat die Argumentation zudem noch einen maßgeblichen dialektischen Vorteil: Sie kann dabei helfen, die beste Lösung einer Meinungsverschiedenheit zu finden und so das für beide Parteien optimale Ergebnis herbeiführen.

Natürlich gibt es auf dem Weg zu einer guten argumentativen Lösung zahlreiche Hindernisse. Und selbst der perfekt Argumentierende wird seine Meinung nicht immer durchsetzen können. Trotzdem lohnen sich ein grundlegendes Verständnis vom Wesen der Argumentation und ein anspruchsvolles Argumentationstraining für zahllose Alltagssituationen. Für beides – für die Theorie und die Praxis der Argumentation – will dieses Buch eine kleine Hilfe und Handreiche geben.

2. Argumente finden

Der Protagonist aus der Einleitung hat sich nun dazu entschieden, seine Partnerin weder mit Gewalt noch durch Verhandlung zum Strandurlaub in Dubrovnik zu bewegen, sondern den Weg der Argumentation zu wählen. Doch wie im Falle von Gewalt effektive Gewaltmittel und im Falle von Verhandlung lukrative Gegenleistungen von Nöten sind, braucht man in einer Argumentation ebenfalls die passenden Mittel: Argumente.

Nun wird er seine Partnerin nur schwerlich überzeugen, wenn er nicht mehr zu sagen hat als ein „Ich will aber nach Dubrovnik!“ oder ein „Ich will aber nicht zu ‚Rock am Ring‘!“ – vielleicht noch begleitet von einem Aufstampfen des Fußes. Er sollte Argumente anführen können, die nicht nur bei ihm, sondern auch bei seinem Gegenüber Anerkennung finden. Er braucht eben die besseren Argumente.

Natürlich gibt es bei jeder Streitfrage Argumente, die nahe liegend sind, Argumente, auf die jeder kommt. Aber reichen sie aus? Und sind es die besten? Das Meer der Argumentation ist weit und dem ungeübten Blick bleibt eine Vielzahl von Argumenten zu einem Thema verborgen. Dieses Kapitel enthält verschiedene Techniken und Übungen, um die assoziativen Kräfte beim Aufsuchen der Argumente zu beleben und systematisch einen Fall nach seinem Für und Wider zu erfassen. Wo einem zuvor lediglich ein oder zwei vereinzelte Argumente eingefallen sind, soll die Fähigkeit ausgebildet werden, einen festen Verbund an Argumenten aufzustellen.

Das hört sich nach einem großen Versprechen an. Aber nehmen Sie sich doch zum Einstieg Stift, Papier und fünf Minuten Zeit. Schreiben Sie sämtliche Argumente auf, die Ihnen für eine Position einfallen (beispielsweise „Weiche Drogen sollten legalisiert werden“). Nachdem Sie dieses

Kapitel und die in ihm enthaltenen Übungen intensiv durchgearbeitet haben, versuchen Sie nochmals, Argumente für die Position zu finden. Wir wetten mit Ihnen, dass beim zweiten Versuch eine Vielzahl von Argumenten auf Ihrem Blatt steht, auf die Sie beim ersten Anlauf nicht gekommen sind.

2.1 Die Gesamtheit der Argumente: die Argumentationsschemata

Alle nur erdenklichen eigenständigen Argumente lassen sich in mehreren Kategorien erfassen: den Argumentationsschemata. Dabei handelt es sich um universelle Schablonen. Auf jedes Argument passt eine dieser Schablonen. Die genaue Kenntnis der Argumentationsschemata ist von doppeltem Vorteil. Zum einen sind sie hilfreich, wenn man ein Argument angreifen will (siehe Kapitel 4, Seite 55). Aber darüber hinaus dienen sie zum anderen auch als Kreativitätstechnik beim Finden von Argumenten. Indem man sich die Struktur eines Schemas auf einen Fall angewandt ansieht, offenbaren sich neue argumentative Wege. Jeder dürfte bei der Diskussion, ob Zoos geschlossen werden sollten, auf das Argument kommen, dass dort keine artgerechte Tierhaltung erfolgt (Teil-Ganzes-Argument). Wäre einem aber auch eingefallen, dass Tierquälerei verboten ist (Autoritätsargument)?

Tipp

>> Die Argumentationsschemata lassen sich nicht nur nutzen, um eine These zu belegen, sondern auch um das so gefundene Argument erneut mit einem Argument zu begründen.

Jedem der Argumentationsschemata ist nochmals eine Topik (siehe Seite 23) angegliedert, wo jedes Schema durch griffige Fundstellen Substanz erhält. Beim Schema „Autoritätsargument“ wird natürlich jeder an den Experten als Autorität denken. Durch die Topik des Schemas wird der Blick jedoch auf eine ganze Reihe weiterer, vielversprechender Autoritäten gelenkt: von Gesetzen über anerkannte Dogmen bis hin zum Volkswillen. So helfen die Elemente der Topiken, die assoziativen Kräfte des Argumentierenden nochmals zu stärken und weitere Argumente innerhalb eines Schemas zu finden. Einen Überblick über sämtliche Argumentationsschemata und die daran angeschlossenen Topiken gibt Abb.: 1 – Argumentationsschemata.

Topik
Der Begriff „Topik“ stammt aus der klassischen Rhetoriktradition. Im Laufe der Rhetorikgeschichte bezeichnete er unter anderem Listen von „Fundstellen“ für Argumente. Eine solche Fundstelle (gr. „topos“, pl. „topoi“) wurde durch allgemeine Begriffe oder Sachverhalte gebildet. Indem man sie mit dem Streitfall assoziierte, ließen sich so neue Argumente für oder wider eine Position finden. Topiken waren in den meisten Fällen weniger auf Trennschärfe und systematische Vollständigkeit hin ausgelegt. Vielmehr standen Relevanz und Griffigkeit der einzelnen Fundstellen im Vordergrund.

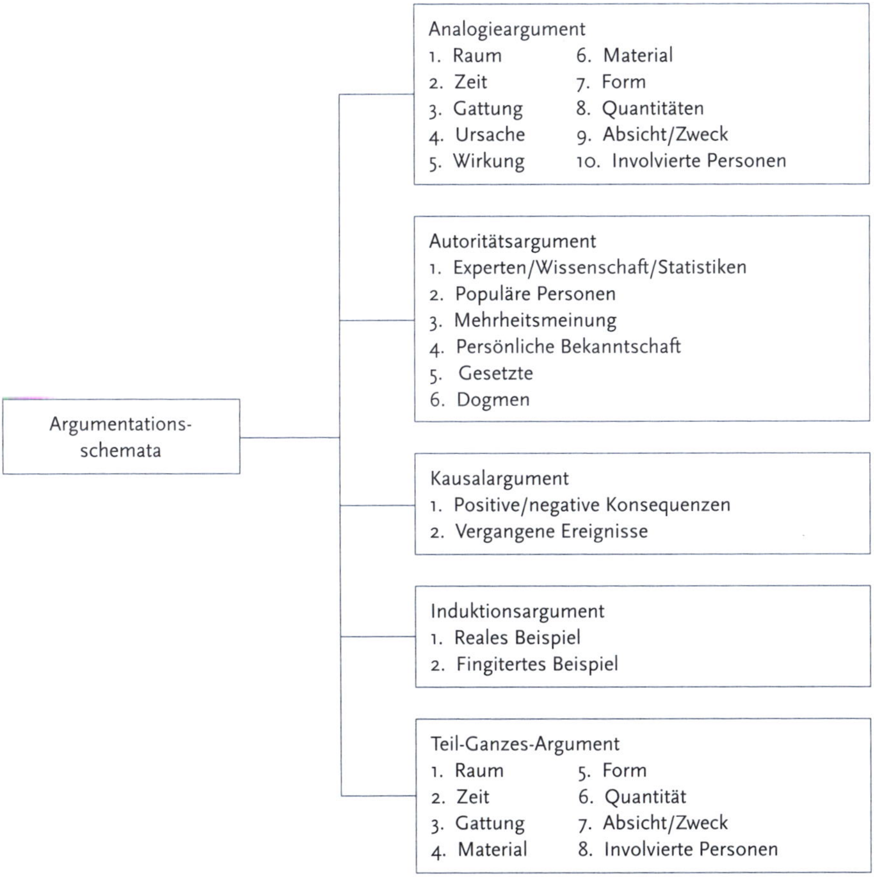

Abb. 1: Argumentationsschemata

2.1.1 Analogieargument

„Der Strandurlaub in Dubrovnik wird dir sicherlich gefallen. Die letzten Urlaube an der italienischen Küste haben dir doch auch gefallen“, war eines der Argumente, das unser Protagonist in der Einleitung vorgebracht hat. Dabei handelt es sich um ein so genanntes Analogieargument. Bei einem Analogieargument wird der vorliegende, strittige Fall mit einem anderen Fall verglichen. Der Vergleichsfall ist idealerweise derart beschaffen, dass unsere Antagonistin ihm die Eigenschaft zuschreibt, die im vorliegenden Fall strittig ist (in unserem Beispiel, dass die Urlaube an der italienischen Küste gut waren), und dass er zum strittigen Fall eine **Analogie** darstellt, das heißt, so ähnlich ist, dass unsere Antagonistin die Übertragung dieser Eigenschaft auf den strittigen Fall vornimmt (also dass sie auch vom Strandurlaub in Dubrovnik glaubt, dass er gut werde).

Im Gegenzug lässt sich ein Analogieargument aber auch erzeugen, wenn sich die Fälle gerade *nicht* ähneln. Dann landet man bei der **Disanalogie**: „Wir sollten nicht auf das Musikfestival fahren. Dort kann man sich nicht so ausruhen wie bei den Urlaubszielen, die uns bisher gefallen haben.“ Man geht genau umgekehrt vor, wie bei der Analogie: Weil die Vergleichsfälle über unterschiedliche Eigenschaften verfügen, dürfen sie nicht gleich beurteilt werden.

Ganz allgemein gesprochen besteht die Stärke des Analogiearguments – ganz gleich ob Analogie oder Disanalogie – darin, dass es eine menschliche Grundintuition widerspiegelt – nämlich die Grundintuition, dass alles, was essenziell gleich ist, auch essenziell gleich zu beurteilen ist.

Bei Analogieargumenten lohnt es sich generell, den Blick auf den Grad dessen zu richten, was verglichen wird. Weichen die Fälle darin voneinander ab, lassen sich besonders starke **graduelle Analogien** erzeugen. Nehmen wir unser Beispiel, in dem jemand fremdgeht. Ziehen wir eine Analogie vom Fall, wo der Partner jemand anderen nur küsst, zu dem Fall, wo er mit dieser Person im Bett landet. Hier ließe sich beispielsweise sagen: „Wenn schon mit jemand anderem zu knutschen nicht in Ordnung ist, was ist dann erst mit jemand anderem ins Bett zu steigen?“ Es wird ein Analogieargument **Vom-Weniger-Auf-Das-Mehr** vorgenommen. Weil etwas bei einem geringeren Grad schon der Fall ist, ist es beim höheren ebenfalls zu erwarten. Dies ist aber auch umgekehrt **Vom-Mehr-Auf-Das-Weniger**, vom höheren Grad auf den geringeren möglich: „Wer mit jemand anderem ins Bett steigt, hat auch keine Hemmungen mit anderen zu knutschen.“

Topik des Analogiearguments

Die Topoi für das Analogiearguments sind zahllos. Im Folgenden sollen daher nur einige besonders häufige Topoi des Arguments abgehandelt werden. All diese Topoi funktionieren so, dass sie einen Aspekt angeben, der die Ähnlichkeit oder Veschiedenheit zweier Vergleichsgegenstände ausmacht. Man nimmt nun die These, die man belegen möchte (beispielsweise „Ein Strandurlaub in Dubrovnik ist schön"), und prüft, ob einem der Vergleichsaspekt einen analogen Fall liefert. Ein solcher Vergleichsaspekt ist beispielsweise die **räumliche Bestimmung** einer Sache. Beim Suchen von Argumenten kann man sich nun die Frage stellen, welcher Fall räumlich vergleichbar wäre: „Auch in Rimini war der Strandurlaub klasse" (Analogie: Beides liegt an der Adria).

Natürlich gilt gleiches auch für die **Zeit**: „‚Rock am Ring' findet dieses Jahr wieder Anfang Juni statt. Da hat es letztes Jahr schon geregnet."

Auch die **Gattung** bietet einen idealen Aspekt für den Vergleich: „Das ‚Wacken Open Air' ist Mist. Da wird ‚Rock am Ring' auch nicht besser sein" (Analogie: Beides sind Musikfestivals).

Eine gemeinsame **Ursache** kann ebenfalls einen guten Vergleichspunkt liefern: „Natürlich wird der Tiger in einem halben Jahr im Zoo verendet sein. Letztes Jahr ist dort bei gleicher Haltung auch ein Tiger verendet" (Analogie: gleiche Haltungsbedingungen).

Und wenn sich eine Analogie über die Ursache bilden lässt, so ist das natürlich auch über die **Wirkung** möglich: „Musik auf Rockfestivals unterscheidet sich doch nicht von Maschinenlärm. Beides führt zum Tinitus."

Weitere Vergleichsaspekte sind das **Material** („Dubrovnik hat einen Sandstrand wie auf Hawai") oder die **Form** („Dubrovnik wird super. Der Strand dort sieht genauso aus wie in Rimini").

Auch **Quantitäten** jeglicher Art (wie Menge, Kosten, Größe etc.) eignen sich, um Analogien zu bilden: „Dieses Jahr wird ‚Rock am Ring' sicher noch besser als die Jahre zuvor. Die Veranstalter sollen nämlich doppelt soviel Geld investiert haben."

Und ebenso lassen sich aus **Absicht/Zweck** einer Sache Vergleiche ziehen: „Videoüberwachung mag ich nicht. Auch beim Großen Lauschangriff wollte man die ‚innere Sicherheit' erhöhen."

Schließlich können die **involvierten Personen** (seien es die Urheber, Betroffenen, Mitwirkenden etc.) ebenfalls als Ausgangpunkt für eine Analogie herhalten: „Dieses Jahr wird ‚Rock am Ring' ein Meilenstein. ‚Metallica' spielt wieder – wie beim legendären Festival vor vier Jahren!"

2.1.2 Autoritätsargument

Jeder von uns schätzt gewisse Personen und Institutionen oder erkennt sie zumindest an. Daher schenken wir solchen Personen bisweilen besonderes Gehör und weisen ihnen höheres Gewicht zu. Das ist die Quelle des Autoritätsarguments. Bei „Die ‚Süddeutsche' hat einen Urlaub in Dubrovnik sehr empfohlen" führt die Anerkennung der „Süddeutschen Zeitung" dazu, dass man auch ihre Urlaubsempfehlung anerkennt. Es gilt folglich beim Autoritätsargument danach zu suchen, welche Autoritäten vom Gegenüber anerkannt werden und ob von der Antagonistin Aussagen vorliegen, welche für die eigene Position sprechen.

Topik des Autoritätsarguments

Es gibt eine ganze Reihe von Autoritäten, die als Quelle für dieses Schema dienen können. Besonders schlagkräftig sind **Experten** und die **Wissenschaften**, zum Beispiel beim Argument „Der Chef der Scotland Yard-Abteilung für Videoüberwachung hält diese für nutzlos." Hierzu gehören auch **Statistiken** aller Art.

Die Autorität muss allerdings nicht zwingend fachlich für den strittigen Fall besonders qualifiziert sein. Das hohe Ansehen einer **populären Person** kann den gleichen Effekt erzielen. Hätte sich beispielsweise der beliebte Altkanzler Helmut Schmidt gegen die Videoüberwachung ausgesprochen, könnte man ihn ins Felde führen.

Neben Expertise und Popularität kann auch die schiere Menge einer **Mehrheitsmeinung** Autorität verleihen: „Was soll an Zoos schlecht sein? Millionen Menschen mögen und besuchen Zoos."

Auch die **persönliche Bekanntschaft** und Wertschätzung ist eine mögliche Quelle für ein Autoritätsargument: „Onkel Tom war letztes Jahr in Dubrovnik und fand es dort ganz prima."

Doch es ist keinesfalls nötig, dass die Autorität ein Mensch ist. Gerade **Gesetze** können von besonderer Schlagkraft sein: „Tierquälerei ist in Deutschland verboten." Insbesondere Texte wie das Grundgesetz oder die UN-Menschenrechtskonvention haben eine besondere Autorität, und bei manch einem kommt man sogar mit der Bibel recht weit.

Überhaupt sind **Dogmen** wie „Man soll nicht ehebrechen" keine seltene Form des Autoritätsarguments.

Tipp

Wenn man ein Autoritätsargument gebraucht oder beim Gegenüber identifiziert hat, kann eine vertiefende Argumentation zur Person mit Hilfe der Topik zu Personen (siehe unten) deren Autorität vergrößern oder abtragen.

2.1.3 Induktionsargument

„Die andauernde Kameraüberwachung in Kaufhäusern ist ja schon nervig. Videoüberwachung ist einfach abzulehnen." Bei solch einem Induktionsargument werden vom Gegenüber anerkannte Einzelfälle herangezogen, um von ihnen auf den Regelfall zu schließen. Das gute, alte Beispiel, wenn es nicht zur Veranschaulichung, sondern als Beleg dient, ist ebenso ein solches Induktionsargument wie ein wissenschaftlicher Versuch, den man heranzieht, um eine Theorie zu beweisen.

(*Anmerkung:* Genau genommen ist das Induktionsargument eine Unterart des Teil-Ganzes-Arguments. Da ihm aber bei der Suche nach Argumenten die besondere Rolle zukommt, dass es sehr häufig zum Beleg für bereits gebrachte Thesen benötigt wird, erfährt es in diesem Kapitel eine eigenständige Abhandlung.)

Topik des Induktionsarguments

Die Suche nach einem guten **realen Beispiel** ist oft beschwerlich und bei weitem nicht immer von Erfolg gekrönt. Es bietet sich jedoch auch an, Beispiele zu *erfinden*. Mit solch einem **fingierten Beispiel** ist weniger gemeint, ein Lügenmärchen zu erzählen, als einen besonders glaubwürdigen Fall im Konjunktiv zu schildern. „Dich würde es auch nerven, wenn du den ganzen Tag unter Beobachtung stündest." Gerade wenn ein fingiertes Beispiel zu den bisherigen Überzeugungen oder Vorurteilen des Gegenübers gut passt, also wenn es besonders glaubwürdig ist, kann es auf Grund seiner Anschaulichkeit das reale Beispiel deutlich an Wirkungskraft übertreffen.

2.1.4 Kausalargument

Eine besonders häufige Art der Argumentation ist das Kausalargument: „Videokameras auf öffentlichen Plätzen stellen grundlos Unschuldige unter Verdacht. Das darf nicht sein!" Hier wird von einer Ursache auf eine

Wirkung oder umgekehrt von einer Wirkung auf eine Ursache geschlossen. Der Schluss läuft dabei so ab, dass eine bestimmte Eigenschaft zwischen Ursache und Wirkung übertragen wird. In unserem Beispiel wurde von der Wirkung (Unschuldige werden unter Verdacht gestellt) eine Eigenschaft („Das darf nicht sein!“) auf die Ursache übertragen (Videokameras auf öffentlichen Plätzen). Aber auch in die umgekehrte Richtung ist solch ein Schluss möglich: „Um diesen Zoo zu errichten, hat sich die ganze Stadt zusammengefunden und ihn in liebevoller Kleinarbeit angelegt. Wie kann er etwas Schlechtes sein?“ Hier wird von der Ursache (der liebevollen Kleinarbeit der Stadt) die Eigenschaft (x ist gut) auf die Wirkung (den Zoo) übertragen.

Bei Argumentation zu Fragen, wie in einer bestimmten Situation zu handeln ist, werden meist Bewertungseigenschaften übertragen – also Eigenschaften wie „ist gut“, „ist schlecht“, „ist erstrebenswert“ oder „ist zu verhindern“. Eine weitere Eigenschaft, die besonders häufig zwischen Ursache und Wirkung übertragen wird, ist die Eigenschaft der Existenz. Weil es das eine gab, gab es auch das andere. Es hatte geblitzt. Also donnerte es auch. Oder von der Wirkung auf die Ursache: Es donnerte. Folglich hatte es zuvor geblitzt. Auch diese Form der Existenzübertragung spielt in handlungs- oder bewertungsbezogenen Streitfragen eine wichtige Rolle – nämlich dann, wenn es darum geht, bei meinem Gegenüber bestimmte Sachverhalte zu etablieren, die so wiederum Grundlage für eine Bewertung werden: „Natürlich wird der Tiger im Zoo nicht artgerecht behandelt. Warum sonst sieht er so heruntergekommen aus?“ Von der Existenz der Wirkung (dem heruntergekommenen Aussehen) schließt der Protagonist auf die Existenz der Ursache (der nicht artgerechten Behandlung). Und da diese als negativ angesehen wird, kann er in einem nächsten Zug (per Teil-Ganzes-Argument; siehe unten) darauf schließen, dass Zoos schlecht seien.

(*Anmerkung*: Das Kausalargument ist wie das Induktionsargument ebenfalls nur eine Unterart des Teil-Ganzes-Arguments. Weil es aber derart häufig und leicht zu erfassen ist, kommt ihm innerhalb dieses Buches eine eigenständige Abhandlung zu.)

Topik des Kausalarguments

Die meisten Kausalargumente werden einem einfallen, sobald man den Blick auf die **positiven oder negativen Konsequenzen** einer Sache richtet. Der Wert der Wirkung einer Sache soll auf die Sache selbst übertragen werden (siehe das erste Beispiel oben).

Umgekehrt findet man Argumente, bei denen von der Ursache auf die Wirkung geschlossen wird, wenn man sich fragt, welche **vergangenen Ereignisse** es plausibel machen, dass eine Sache der Fall ist: „Der Tiger wurde jahrelang schlecht behandelt. Es sollte mich wundern, wenn er nicht schon verendet ist.“

2.1.5 Teil-Ganzes-Argument

Das Teil-Ganzes-Argument besteht aus einem sehr weitläufigen Feld von Argumenten. Ihnen allen ist es gemein, dass man von einem Teilaspekt eines Falls auf den Gesamtfall schließt („Dubrovnik hat einen herrlichen Strand. Das wird ein hervorragender Urlaub“) oder vom Ganzen auf den Teil („Die Gegend von Dubrovnik ist der schönste Ferienort weit und breit. Natürlich wird auch der Strand dort klasse sein!“).

Eine besondere Form des Teil-Ganzes-Arguments ist der **Ausschluss**. Um einen solchen handelt es sich, wenn die Partnerin unseres Protagonisten behauptet: „Auf irgendein Festival will ich dieses Jahr fahren. Zeitlich passen nur das ‚Wacken Open Air‘ und ‚Rock am Ring‘. Auf ‚Wacken‘ hab‘ ich keine Lust. Also fahren wir zu ‚Rock am Ring‘.“ Hier wird vom Ganzen („Irgendein Festival muss sein“) und von einzelnen Teilen („‚Wacken‘ ist nicht erwünscht“) auf einen weiteren Teil („Also ist ‚Rock am Ring‘ erwünscht“) geschlossen.

Topik des Teil-Ganzes-Arguments

Die Topoi des Teil-Ganzes-Arguments sind mit wenigen Ausnahmen identisch mit denen des Analogiearguments. So wurde schon in den Beispielen oben von **räumlichen Teilen** auf das Ganze geschlossen: Weil ein räumlicher Teil eine bestimmte Eigenschaft hat, hat sie auch das Ganze beziehungsweise umgekehrt.

Gleiches geht natürlich auch mit der **Zeit** – sei es von der Zeit aufs Ganze („Das Festival findet doch Anfang Juni statt. Da fällt doch alles ins Wasser. Das wird nichts“) oder vom Ganzen auf die Zeit („‚Rock am Ring‘ war beim letzten Mal schlecht. Man hätte es auf einen anderen Zeitpunkt legen sollen“).

Wie beim Analogieargument ist hier auch die **Gattung** von besonderer Relevanz. Schon das Induktionsargument hat gezeigt, wie man vom Spezialfall auf den Regelfall schließt. Umgekehrt ist es auch möglich vom Regelfall auf den Spezialfall Schlussfolgerungen zu ziehen: „Musikfestivals sind toll. Natürlich wird ‚Rock am Ring‘ ein Spaß!“

Auch besteht die Möglichkeit, vom **Material** aufs Ganze zu schließen („Klar ist es ein herrlicher Urlaubsstrand. Er besteht aus feinstem Sand“) oder umgekehrt vom Ganzen aufs Material („Es ist ein herrlicher Urlaubsstrand. Bestimmt besteht er aus feinstem Sand“).

Ebenso bietet der Topos der **Form** einen Ausgangspunkt dafür, Schlüsse zu konstruieren. Man kann von der Form aufs Ganze zu schließen („Der Strand sieht hinreißend aus. Dort ist es bestimmt klasse!“) oder vom Ganzen auf die Form („Es ist ein toller Urlaubsstrand. Bestimmt sieht er ganz beeindruckend aus“).

Ein Argument, um von den **Quantitäten** (beispielsweise Menge, Größe, Kosten etc.) aufs Ganze zu schließen, wäre: „Weißt Du, was Dubrovnik kostet? So ein Urlaub geht nicht.“ Umgekehrt vom Ganzen auf die Quantität: „Weißt Du wie toll Dubrovnik ist. Da gibt man das Geld gerne für aus!“

Und ebenso kann **Absicht/Zweck** einer Sache zur Schlussfolgerung dienen, sei es von der Absicht aufs Ganze („Natürlich wird dir der Strandurlaub gefallen. Ich will doch keinen Urlaub für uns planen, der dir nicht gefällt“) oder wiederum vom Ganzen auf die Absicht („Es hat dir doch auch bei unserem letzten Urlaub gut gefallen. Natürlich hab‘ ich damals bei der Planung auch an dich gedacht“).

Schließlich bietet sich auch hier die Möglichkeit, von den **involvierten Personen** aufs Ganze zu schließen („‚Metallica‘ kommen zum Festival. Wir müssen dahin“) oder vom Ganzen auf die involvierten Personen („‚Rock am Ring‘ ist das angesagteste Rockfestival. Natürlich kommen da nur Spitzenbands hin“).

2.2 Übungen

Sie haben nun fünf Argumentationsschemata kennen gelernt, an die sich jeweils nochmals eine Topik anschließt. Zwei Übungen sollen Ihnen dabei helfen, dieses Wissen in eine Fähigkeit umzuwandeln, die Ihnen auch in einer realen Argumentation von wirklichem Nutzen ist. Beim **Schemata-Parcours** (diese Übung finden Sie im Internet unter *www.utb-mehr-wissen.de*) lernen Sie die Argumentationsschemata und die dazugehörigen Topiken besser kennen, und werden ein vertieftes Verständnis für die einzelnen, bisher erläuterten Elemente entwickeln. Das im Folgenden beschriebene **Argumentationstabu** hilft Ihnen, dieses Wissen zu verinnerlichen.

2.2.1 Argumentationstabu

Lernziel: Zu fast jeder Position gibt es immer ein Argument, das einem sofort einfällt. Die Argumentationsschemata entfalten ihre Wirkung jedoch gerade dann, wenn man sie systematisch nutzt. Diese Übung schult Sie spielerisch darin, die Argumentationsschemata und die daran angeschlossenen Topiken zu verwenden, ohne lediglich auf das Nächstliegende zu blicken.

Übung

Art: agonale Übung
Aktive Teilnehmer: 2+
Juroren: -
Dauer: lang
Schwierigkeit: mittel
Material: Sand- oder Stoppuhr, Schreibzeug, evtl. mehrere Kopien der Abb.: 1 – Argumentationsschemata.

Anwendung: Bei diesem Spiel gibt es zwei Seiten. Beide Seiten nehmen wechselseitig die Rollen der Themengeberin (Antagonistin) und des Verteidigers (Protagonisten) ein. Eine Runde beginnt damit, dass die Themengeberseite dem Protagonisten eine These aus der gesellschaftlichen Diskussion nennt (Beispielsweise „Atomkraftwerke sollen stillgelegt werden"). Der Protagonist darf sich nun aussuchen, ob er die These bejaht oder verneint. Als nächsten Schritt sperrt die Antagonistin eines der fünf Argumentationsschemata.

Nun wird die Stoppuhr eingeschaltet. Der Protagonist hat zwei Minuten Zeit, für seine Position (also beispielsweise. „Atomkraftwerke sollen stillgelegt werden" oder „Atomkraftwerke sollen nicht stillgelegt werden") so viele Argumente wie möglich zu generieren, die *nicht* aus dem gesperrten Argumentationsschema kommen. Er muss sie nicht niederschreiben, sondern nennt sie einfach. Pro vernünftiges Argument erhält der Protagonist einen Punkt.

In der nächsten Runde tauschen beide Seiten ihre Rollen. Der vormalige Protagonist sucht sich eine These aus. Die Gegenseite bejaht oder verneint diese und so weiter. Dies wird nach Belieben wiederholt. Wichtig ist lediglich, dass beide Seiten gleich oft die Rolle des Protagonisten innehatten. Sieger ist, wer am Ende die meisten Punkte hat.

Für die Antagonistin ist es natürlich vorteilhaft das Schema zu sperren, aus dem die naheliegenden Argumente kommen, um zu verhindern, dass der Protagonist für diese Punkte erhält. Das leitet die Antagonistin dazu an, anhand der Schemata den Fall zu überblicken, und zwingt den Protagonisten, systematisch die Schemata und Topoi nach Argumenten zu abzusuchen. *Variante:* Es darf nicht ein Argumentationsschema gesperrt werden, sondern drei Topoi aus beliebigen Schemata.

Die Argumentationsschemata decken, wie eingangs angemerkt, den gesamten Bereich der eigenständigen Argumente ab. Es lohnt sich aber, den Blick bei einigen Teilbereichen der Argumentation genauer zu fokussieren, da sie besonders häufig und relevant sind – allen voran die Bewertungsfragen.

2.3 Auf der Suche nach dem Guten: Topik zu Bewertungsfragen

In den meisten Alltagssituationen dreht sich Argumentation darum, wie etwas zu bewerten ist. Das kann explizit der Fall sein, beispielsweise wenn gefragt wird, ob Attraktivität wünschenswert ist. Aber meist geschieht es implizit, nämlich immer dann, wenn es um Handlungen geht. Wenn wir wie unser Pärchen in der Einleitung fragen, ob wir dieses oder jenes Urlaubsziel wählen sollen, sind immer Bewertungen mit thematisiert. Es ist eine alte Weisheit, dass jede Handlung letztendlich ein Gut zum Zweck hat. Daher lässt sich für und wider jede Handlung oder Maßnahme anhand der durch sie realisierten Güter streiten.

Aus diesem Grund soll über die allgemeinen Topiken der Argumentationsschemata als nächstes auf eine Topik zu Bewertungsfragen eingegangen werden. Im Alltag sprechen wir über eine Vielzahl von Werten, und wie für jede Position immer das eine oder andere Argumentationsschemata auf der Hand lag, scheint uns bei jeder Handlung auch immer der eine oder andere Wert klar zu sein. Doch auch hier besteht die Gefahr, dass das Offensichtliche viele andere schlagende Argumente verdeckt. Die folgende Topik soll dabei helfen, bei Bewertungsfragen diese verdeckten Argumente zu finden.

Bei dieser Topik ist ganz besonders darauf hinzuweisen, dass sie nicht mit der Zielsetzung von Vollständigkeit und Trennschärfe entworfen wurde. Da die diskutierten Werte vielmehr zeit- und kulturabhängig sind, hat bei der Zusammenstellung der Topik Relevanz und Prägnanz der einzelnen Topoi den Vortritt. Eine Übersicht über die Topik zu Bewertungsfragen gibt Tabelle 1: Topik zu Bewertungsfragen.

Topik zu Bewertungsfragen

- Nutzen/Fortschritt
- Geld/Macht
- Gerechtigkeit/Moral
- Höhere Prinzipien
  - Demokratie
  - Frieden
  - Sicherheit
  - Gleichheit
  - Freiheit
  - Bildung/Wissenschaft
- Natur
  - Umweltschutz
  - Natürliche Ordnung
- Charakterqualitäten
- Subjektsbezogene Werte
  - Lust
  - Ästhetik
  - Gesundheit
- Konvention
  - Gebräuche/Kultur
  - Gesetze

Tab. 1: Topik zu Bewertungsfragen

Ein Standardargument, welches bei Handlungsfragen immer wieder vorgebracht wird, ist die Frage nach dem **Nutzen** oder dem **Fortschritt**. Hierbei wird die Zweckmäßigkeit eines Falles thematisiert: „In Dubrovnik kannst du deinen Segelschein machen. Auf ‚Rock am Ring' geht das nicht."

Mit diesem Topos verwandt sind die Aspekte von **Geld** oder **Macht**: „‚Rock am Ring' ist aber viel günstiger als ein Urlaub in Dubrovnik."

Sowohl den Topoi von Nutzen und Fortschritt wie auch von Geld und **Macht** ist gemein, dass diese Werte in der Regel keinen Eigenwert darstellen, sondern instrumentelle Werte sind. Sie erlangen ihren Wert dadurch, dass sie andere Werte ermöglichen. Ganz anders verhält es sich mit der Frage von **Moral** und **Gerechtigkeit**. Wie gut im engsten Sinne des Wortes oder verwerflich eine Sache ist, steht hier im Vordergrund: „Es ist einfach ungerecht, Unschuldige durch Kameras bespitzeln zu lassen."

Sehr nah an den Topoi von Moral und Gerechtigkeit sind die **höheren Prinzipien**. Diese reichen vom Gut der **Demokratie** („Die eigenen Bürger zu überwachen, ist ein Merkmal von Diktaturen, nicht von Demokratien") über die Werte **Frieden** („Solange es dem Frieden dient, mach' ich es"), **Sicherheit** („Videoüberwachung führt zu mehr Sicherheit vor Gewaltverbrechen in der Öffentlichkeit"), **Gleichheit** („Das ist Sexismus. Dadurch werden Männer herabgewürdigt") bis hin zu dem Klassiker **Freiheit** („Wie kann man noch frei sein, wenn man ständig unter Beobachtung steht?"). Ein Neuankömmling unter den Prinzipien, der nun auch in der breiten

Bevölkerung immer höheres Ansehen genießt, ist der Wert der **Bildung** oder **Wissenschaft** („In Dubrovnik können wir unseren Horizont erweitern und ein wenig über Osteuropa lernen").

Ebenfalls immer mehr Popularität gewinnt der Topos der **Natur**. Dieser lässt sich auf zwei Arten besonders wirkungsvoll einsetzen, einmal im Bereich **Umweltschutz** („Dieser ganze Mittelmeertourismus zerstört die Landschaft") und einmal, indem man die **natürliche Ordnung** als Maßstab dafür anführt, wie die Dinge zu sein haben („Es ist einfach nicht natürlich, wenn ein Tiger hinter Gittern immer wieder die gleichen paar Quadratmeter auf- und abschreitet"). Hier wird der Regelfall der Natur herangezogen um einen Sollfall zu etablieren.

Auch als Eigenwert sieht man oft die unterschiedlichsten **Charakterqualitäten** an. Eine Auflistung für diese zu geben ginge allerdings bei all den Tugenden und Charaktervorzügen ins Endlose. Es ist aber auf jeden Fall ein lohnendes Argument, darauf hinzuweisen, wie eine Handlung oder Maßnahme den Charakter der Beteiligten zu verändern vermag: „Tierquälerei im Zoo mit Freude zu betrachten, lässt unser Mitleidsempfinden verrohen."

Einen weiteren großen Block bilden die **subjektbezogenen Werte**. Da wäre auf der einen Seite die **Sinneslust** („In Dubrovnik gibt es köstliches Essen, auf ‚Rock am Ring' nur Junk Food"), dann **ästhetische Werte** („Auf ‚Rock am Ring' gibt es aber geniale Live-Musik. Live kroatische Folklore zu hören, scheint mir dagegen weniger prickelnd") und zuletzt auch immer populärer: die **Gesundheit** („Auf so einem Festival ruiniert man sich nur das Gehör, so wie die dort immer die Musik aufdrehen").

Den Abschluss dieser Topik bilden die **Werte der Konvention**. Das wären auf der einen Seite **Gebräuche** und **Kultur** („Zoos gehören zu unserer Kultur. Wie kann man sie da abschaffen wollen?"), wo man die gebräuchliche Lebensführung oder den kulturellen Wertekonsens heranzieht, um eine These zu begründen. Zudem lassen sich besonders effektiv **Gesetze** als Bewertungsgrundlage heranziehen: „Videoüberwachung ist mit der in unserem Staat geltenden Unschuldsvermutung nicht vereinbar."

Tipp

>> Gefunden ist nicht immer passend: Wenn man seine Argumentation von langer Hand vorbereiten kann, ist es lohnend, sich immer noch einmal Gedanken über sein Gegenüber zu machen: Welche Werte sind ihm besonders wichtig?

2.4 Übungen

Um sicher zu stellen, dass Sie, nachdem Sie dieses Buch weggelegt haben, die einzelnen Topoi noch parat haben, gibt es die Übung **Topik-Rundgang** (im Internet zu finden unter *www.utb-mehr-wissen.de*). **Argumentations-Stadt-Land-Fluss** verfolgt dagegen den Zweck spielerisch das Wissen um die einzelnen **Topoi** für den Anwendungsfall zu trainieren (ebenfalls im Internet zu finden unter *www.utb-mehr-wissen.de*).

2.5 Argumentation über Menschen: Topik zu Personen

Argumentation hat – zumal wenn sie sich um Handlungen dreht – auch immer etwas mit den involvierten Menschen zu tun. Der klassische Fall ist, wenn man bei einem Jubiläum eine Lobrede auf jemanden halten muss. Obwohl dort in der Regel niemand davon zu überzeugen ist, dass der Jubilar eine sympathische Person sei, kommt man dennoch nicht ohne Argumentation aus. Denn mit irgendwelchen Inhalten, die ihn positiv dastehen lassen, ist die Rede zu füllen: also mit Argumenten.

Doch gerade außerhalb vom klassischen Fall der Jubiläumsrede entfalten Argumente zu Personen erst ihre besondere Kraft (eben weil es dann im Gegensatz zur Jubiläumsrede die Zuhörer vom Redegegenstand zu überzeugen gilt). Wenn man ein Werk oder eine Handlung angreift oder hervorhebt, geschieht dies oft, indem man sich auch seinem Urheber oder dem Handelnden widmet.

Hierbei soll die Topik zu Personen helfen. Sie enthält Stichworte wie „bisherige Handlungen" oder „soziales Umfeld", also Stichworte zu Aspekten einer jeden Person. Wie bei den vorherigen Topiken ist der Zweck dieser allgemeinen Stichworte, dass sie angewandt auf den konkreten Fall assoziativ dabei helfen, Argumente zu Personen zu generieren (für einen Überblick über die Topik zu Personen siehe Tabelle 2: Topik zu Personen).

Topik zu Personen

• Charakter	• Beruf
• Soziales Umfeld	• Alter
• Soziale Stellung	• Geschlecht
• Bisherige Handlungen	• Familiäre Herkunft
• Zufälle	• Nationalität
• Fähigkeiten	• Körpermerkmale
• Bildung	• Name

Tab. 2: Topik zu Personen

Besonders relevant werden solche Argumente, sobald man sie im Bereich der moralischen Anschuldigungen anführt (siehe Kapitel 5, Seite 81). Im Folgenden werden daher die einzelnen Elemente der Topik zu Personen am Beispiel einer (erfundenen) Anschuldigung des Fremdgehens gegen einen prominenten deutschsprachigen Schauspieler erläutert. Ohne dass auch nur ein einziges Wort über den konkreten Tathergang verloren wird, zieht sich Topos um Topos die Schlinge enger um den Hals des Beschuldigten zu, und es wird glaubwürdiger, dass er das Vergehen begangen hat:

Zuerst kann der **Charakter** als eine Fundstätte für Argumente herhalten: „Er ist so charismatisch, dass sich ihm Frauen nur schwer entziehen können.“ Dann ist das **soziale Umfeld** zu nennen: „Der ist ja umgeben von Promis, die es auch alle nicht so mit der Treue halten.“ Eng damit verbunden ist die **soziale Stellung**: „Stars meinen doch ohnehin, dass sie nicht durch die Regeln gebunden sind, die für Normalsterbliche gelten.“ **Bisherige Handlungen** sind von besonderem Gewicht, da sie auch für den strittigen Fall als Analogie dienen können: „Er hatte ja schon mehrere Beziehungen. Länger hält er es wohl mit einer Frau nicht aus.“ Sogar die **Zufälle**, die einem widerfahren sind, können als Argumentationsquelle dienen: „Wenn man so viele Preise wie er erhalten hat, dann steigt das einem schon zu Kopf. Dann meint man, alle wären nur für einen da.“ Weiterhin zu nennen sind **Fähigkeiten** („Er kann schauspielern wie kein anderer. Da kann er auch Liebe heucheln“), **Bildung** („Weder hat er studiert, noch eine anständige Ausbildung gemacht. Was erwartet man von so einem?“) und **Beruf** („Ein Künstler. Die halten von Treue ohnehin nichts“). Vom **Alter** einer Person lässt sich das eine oder andere ableiten („Er ist ja auch in einem Alter, wo man gerne schaut, ob man die jungen Dinger noch ‚rumbekommt“). Es gibt auch Fälle, wo das **Geschlecht** noch als Argumentationsgrundlage taugt: „Er ist ein Mann. Natürlich ist er auf andere Frauen aus.“ Die **familiäre Herkunft** lässt sich ebenfalls anführen: „Schon seinem Vater reichte nicht eine Frau.“ Vorurteile zur **Nationalität** können je nach Publikum von Nutzen sein: „Er ist Österreicher. Die lernen das Fensterln doch schon von klein auf!“ Manchmal geben auch **Körpermerkmale** eine gute Begründung ab: „Er sieht ja auch gut aus. Klar, dass er das ausnutzt, um Frauen ins Bett zu bekommen.“ Und in ganz seltenen Fällen kann auch der **Name** argumentativ gedeutet werden: „Bleibtreu. Als man ihm den Namen zur Ermahnung gab, ahnte man es schon.“

Tipp

>> Bei jedem strittigen Thema kann man fragen: Welche Personen sind involviert? Neben Handelnden gibt es eine ganze Menge direkt oder indirekt betroffenen, deren Wertschätzung sich durch geschickte Argumentation senken oder steigern lässt.

2.6 Übungen

Da die Topoi zu Personen recht prägnant sind, fällt ihre Anwendung vergleichsweise leicht – vorausgesetzt man kennt sie. Dabei, die Topoi ins Gedächtnis einzuprägen, hilft die folgende Übung **Topik querfeldein**. In Anschluss daran empfiehlt sich die Übung **Celebrity Deathmatch**, wo Sie die Topik in einer Art Duell anwenden (diese Übung ist im Internet zu finden unter *www.utb-mehr-wissen.de*).

2.6.1 Topik querfeldein

Lernziel: Sie machen sich mit den einzelnen Elementen der Topik zu Personen vertraut und bilden exemplarische Fälle, die es ihnen später leichter machen, die Topik anzuwenden.

Übung

Art: Einzelübung
Aktive Teilnehmer: 1
Juroren: –
Dauer: mittel
Schwierigkeit: leicht
Material: Schreibzeug

Anwendung: Normalerweise nimmt man sich eine Person vor und arbeitet jedes Element einer Topik ab, um seine Argumente zu gewinnen. Um sich aber die Topik lebhaft vor Augen zu führen, verwenden Sie sie einmal „quer“: Sie nehmen sich einen Topos vor und suchen mindestens fünf Argumente zu beliebigen Personen in beliebigen Kontexten. Je prägnanter die Argumente sind, die Sie finden, desto besser. Arbeiten Sie so jedes Element der Topik durch. Dies wird ihnen später dabei helfen, sich wieder an die Elemente der Topik zu erinnern und Argumente zu einer Person zu finden.

2.7 Ausblick

Die in diesem Kapitel vorgestellten Argumentationsschemata und die Topiken zu Bewertungsfragen und Personen bilden einen hilfreichen Ausgangspunkt zum Finden von Argumenten. Es wäre jedoch falsch, sie nur dazu einzusetzen zu wollen, Argumente unmittelbar für eine Position (wie „Videoüberwachung ist abzulehnen") zu generieren. Sie sind auch nützlich, um sich darüber Gedanken zu machen, was die Gegenseite an Argumenten vorbringen könnte. So ist man imstande, im Vorfeld Vorbereitungen für eine mögliche Widerlegung zu treffen (mehr dazu bietet Kapitel 4, Seite 55). Aber vor allem ist es sinnvoll auch vertiefende Argumente *für die bereits gefundenen Argumente* anhand der Argumentationsschemata und Topiken zu suchen. Ist man erst einmal auf das (Kausal-) Argument gekommen, dass Videokameras grundlos Unschuldige unter Verdacht stellen, kann man sich sogleich wieder auf die Suche machen, um dieses Argument mit weiteren Argumenten zu unterfüttern – beispielsweise mit dem Analogieargument, dass grundlose Hausdurchsuchungen auch nicht hingenommen würden, oder dem Induktionsargument, dass man im Kaufhaus sich von der Kamera beäugt fühle, obwohl man niemals die Absicht habe, einen Ladendiebstahl zu begehen. Und wieder kann man diese Argumente erneut durch weitere stützen.

Wie man allerdings so gefundene Argumentationsketten anordnet, wie sie untereinander zusammenhängen und wie man sie schließlich ausbaut, ist Thema des nächsten Kapitels.

3. Argumente aufbauen

Wer argumentiert, muss sich mit zahlreichen inneren und äußeren Widerständen und Störungen auseinandersetzen: Die Zuhörer oder Gesprächspartner mögen mal müde oder abgelenkt sein. Vielleicht stehen wichtige Gegenargumente oder versteckte Vorurteile im Raum. Das Hintergrundwissen oder die Grundannahmen können voneinander abweichen. Und manchmal muss man sich auch einfach gegen Hintergrundlärm oder Zwischenrufer durchsetzen.

Um all diese Widerstände erfolgreich zu überwinden und den Argumenten die größtmögliche Überzeugungskraft zu verleihen, muss der Argumentierende eine Reihe von Aufgaben erfüllen, die über die reine Skizzierung seiner Argumente hinausgehen. Eines der weit verbreiteten Missverständnisse von ungeübten Rednern ist der Glaube, dass es das gleiche sei, ein Argument zu *nennen* und ein Argument *vorzubringen*. Wird sich das bessere Argument nicht von allein durchsetzen, wenn man es dem Gegenüber genannt hat? In einer perfekten Vernunftswelt oder im Habermas'schen Idealdiskurs vielleicht – im Alltagsgespräch hingegen kaum. Hier muss der Redner seine Argumente nicht nur solide auf- und überzeugend ausbauen, sondern auch geeignet sprachlich ausschmücken, durch treffende Beispiele ergänzen und häufig auch Wiederholungen oder Paraphrasen einbauen, damit das Argument seine volle Wirkung entfalten kann. Mit anderen Worten: Er muss dafür sorgen, dass aus einem argumentativen Skelett ein lebendiger Körper wird, der ansehnlicher ist als blanke Knochen. Einige der zentralen Werkzeuge für diesen Prozess werden in diesem Kapitel vorgestellt und trainiert. Deswegen wird es zunächst um Anatomie gehen. Wie sieht ein argumentatives Skelett aus? Welche Knochen hat es, und wie hängen diese Knochen untereinander zusammen? Nach diesem anatomischen Abstecher werden dann Werkzeuge vorgestellt, mit Hilfe derer die Argumentation nicht nur als bloßes Skelett, sondern lebendig erscheint.

3.1 Zwischen den Zeilen lesen: Implikationen

„Videoüberwachung ist mit der in unserem Staat geltenden Unschuldsvermutung nicht vereinbar" – diese Äußerung wurde im vorigen Kapitel als Argument vorgestellt. Dieser Satz ist zwar ein Argument, jedoch sind hier einige weitere – implizite – Bestandteile vorhanden, die ihn erst zu einem solchen machen. Im Folgenden wird schrittweise aufgezeigt, welche, häufig impliziten, **Elemente** vorhanden sind.

Argumente bestehen immer aus mehreren, mindestens drei, Bestandteilen: **Standpunkt, Begründung und Schlussregel** beziehungsweise Argumentationsschema. Diese Bestandteile sind im Alltagsargument aber häufig so eng ineinander verwoben, dass man sie – wie in unserem Beispiel – kaum als einzelne Bestandteile wahrnimmt.

Zudem werden selten alle Bestandteile, die ein Argument potentiell haben kann, tatsächlich explizit ausgesprochen. Das heißt nicht, dass sie nicht vorhanden sind – der Argumentierende trägt für die unausgesprochenen, **implizit vorhandenen Elemente** die gleiche **Beweispflicht** wie für die explizit ausgesprochenen: Er muss also sowohl für implizite als auch explizite Elemente Begründungen vorbringen können. Dies ist nicht nur speziell beim Argumentieren der Fall, sondern kommt im Alltag sehr häufig vor – auch wenn wir uns darüber nicht zu jedem Zeitpunkt bewusst sind. In einem Satz wie „Gerhard Schröder konnte die Bundestagswahl 2005 nicht für sich entscheiden" gibt es eine Vielzahl von impliziten Voraussetzungen, die gleichzeitig mit ausgesagt werden – beispielsweise, dass Schröder für die Bundestagswahl kandidierte.

Es kann auch vorkommen, dass **Implikationen** vorhanden sind, die de facto nicht zutreffen und gegen die von der Antagonistin ein **Einwand** gebracht wird. Wenn auf den Satz „Peter konnte die Bundestagswahl nicht für sich entscheiden" nun der Einwand „Aber er hat doch gar nicht kandidiert!" folgt, bezieht sich dieser auf die Implikation, dass Peter kandidiert habe – auch wenn diese gar nicht explizit erwähnt wurde.

Das Wissen um implizite Bestandteile von Argumenten ist besonders im Zusammenhang mit Einwänden (siehe Kapitel 4, Seite 55) wichtig. Einwände beziehen sich in Alltagssituationen häufig auf implizite Elemente, so dass es gut zu wissen ist, wann Einwände wie „Das habe ich aber gar nicht gesagt" angemessen sind und wann nicht.

Alle Aussagen enthalten Implikationen. Das ist im Alltag, beispielsweise im Smalltalk, weniger bedeutend, da es in diesem Rahmen selten darum geht, seine eigenen Positionen gegenüber anderen zu verteidigen oder andere kritisch zu hinterfragen. Sobald es aber daran geht, seine Meinung zu verteidigen, kann es von entscheidendem Vorteil sein, sich über Implikationen bewusst zu werden: Schließlich trägt man für jede seiner Aussagen – auch implizite Aussagen – eine Beweislast.

Das heißt nicht, dass es besser wäre, Implikationen immer explizit zu machen. Es ist gut, dass Teile des Arguments implizit bleiben, weil vollständig ausgesprochene Argumente häufig sehr unnatürlich und gezwungen klingen. Niemand würde in einer Alltagssituation ein Argument wie „Videoüberwachung sollte verboten werden, da sie mit der in unserem Staat geltenden Unschuldsvermutung nicht vereinbar ist und alles, was mit den obersten Prinzipien unserer Rechtsprechung nicht vereinbar ist, verboten werden sollte" äußern. Zuhörer sind so gut wie immer im Stande, implizite Elemente zu verstehen. Ein vollständiges Argument, wie das eben genannte, wirkt auf die Zuhörer schnell wie eine unnötige Belehrung.

Es ist sowohl für den Aufbau als auch für Verteidigung und Angriff von Argumenten von Vorteil, sich darüber im Klaren zu sein, welche Elemente implizit vorhanden sind – und welche Funktion diese jeweils erfüllen. Mit Implikationen verhält es sich ähnlich wie mit Knochen, die man zwar ertasten, aber nicht sehen kann. Erst eine genauere Prüfung oder eine Röntgenaufnahme geben Aufschluss darüber, welche Implikationen, oder Knochen, vorhanden sind.

Tipp

»

Wer die Implikationen in den Aussagen seines Gegenübers versteht, hat deutlich vielfältigere Angriffspunkte als diejenigen, die sich auf expliziten Aussagen beschränken.

3.2 Mit Liebe zum Detail: Mikrostruktur

Werfen wir einen Blick auf die folgenden Aussagen: „Videoüberwachung sollte stärker ausgebaut werden" oder „Videoüberwachung sollte verboten werden." Welche Funktion könnten diese in einem Argument erfüllen? Isoliert betrachtet handelt es sich bei beiden um einen **Standpunkt**, der vertreten wird: Etwas sollte getan beziehungsweise verboten werden. Ein

Standpunkt ist notwendige Voraussetzung dafür, dass Argumentation überhaupt erst zustande kommen kann. Von einem „normalen" Aussagesatz unterscheiden sich Standpunkte nur insofern, als dass sie (potentiell) strittig sind und dementsprechend unter Umständen begründet werden müssen. Ob Aussagen strittig sind, hängt stark vom jeweiligen Publikum ab. Was in einer bestimmten Gruppe als strittig gilt, kann von einer anderen Gruppe als vollkommen schlüssig angesehen werden. Zudem kann sich Zustimmung oder Ablehnung mit der Zeit ändern. Ein schönes Beispiel hierfür ist: „Die Erde ist rund." Noch vor wenigen hundert Jahren widersprach nicht nur die Kirche dieser Aussage, wohingegen dies heute keiner mehr bezweifeln dürfte. Ganz ähnlich verhielt es sich im Bereich Medizin. Galten bestimmte Eingriffe oder Untersuchungen lange als unbedenklich, weiß man es heute besser. Aderlässe werden in der westlichen Welt gar nicht mehr vorgenommen, und wer seinen Patienten röntgen möchte, muss auf Nachfrage den diagnostischen Wert dieser Untersuchung begründen können.

Sobald eine Aussage strittig und damit ein Standpunkt geworden ist, verlangt sie nach einer **Begründung** – dem zweiten Bestandteil eines Arguments: „Videoüberwachung sollte stärker ausgebaut werden, weil sie Kriminalität reduziert" beziehungsweise „Videoüberwachung sollte verboten werden, weil sie mit Datenschutz unvereinbar ist." Die Begründungen in diesen Beispielen stärken den eigentlichen Standpunkt, wodurch der Zuhörer ihn eher akzeptiert.

Innerhalb des Arguments können sowohl Standpunkt als auch Begründung zuerst angeführt werden. Beide Möglichkeiten kommen häufig vor, können sich aber in ihrer Wirkung unterscheiden.

Dem Standpunkt kann – wie in unserem Beispiel – die Begründung mit einem „weil" nachgestellt werden. Genauso gut ist es möglich, die Begründung dem Standpunkt mit einem Wort wie „also", „daher", „folglich" etc. vorzustellen. Für unser Beispiel hieße das: „Videoüberwachung reduziert Kriminalität, also sollte sie stärker ausgebaut werden" beziehungsweise „Videoüberwachung ist nicht mit Datenschutz vereinbar, also sollte sie verboten werden." Diese Verbindungswörter müssen aber nicht zwangsläufig auftreten. Es ist mit Hilfe dieser **Indikatoren** jedoch oftmals leichter zu erkennen, welcher Teil der Argumentation Standpunkt und welcher Begründung ist.

Zum vollständigen Argument fehlt unserem Beispiel nun nur noch ein weiteres Element: die **Schlussregel** oder das **Argumentationsschema**. Dieser dritte Baustein eines Arguments verknüpft die Begründung mit dem

Standpunkt. Die Schlussregel funktioniert dabei wie eine Brücke, die beide Aussagen miteinander verbindet (siehe Abb.: 2 – Argument 1 sowie Abb.: 3 – Argument 2).

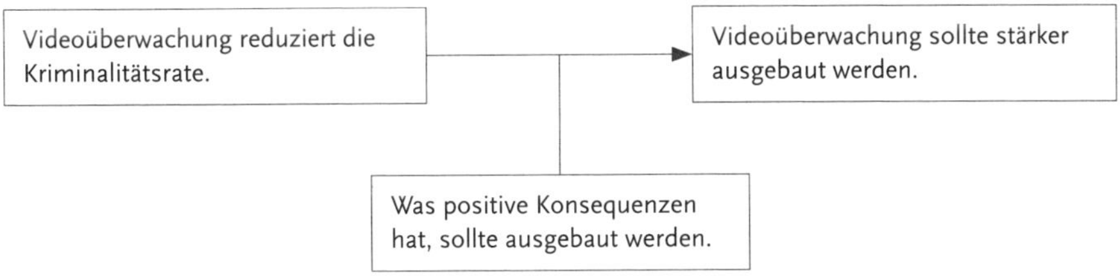

Abb. 2: Argument 1

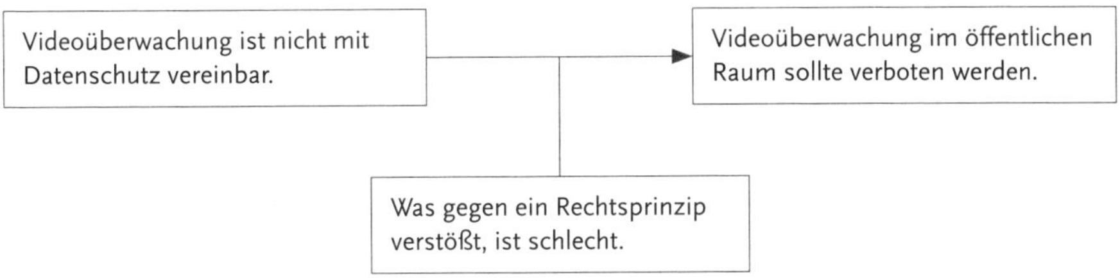

Abb. 3: Argument 2

Die Beispiele zeigen, wie die Schlussregel rechtfertigt, dass vom vorliegenden Grund auf den strittigen Standpunkt geschlossen werden kann. Die Schlussregel besteht sehr häufig aus einer generellen Regel oder einem Prinzip, das hier seine Anwendung findet. Weil sie meist allgemeingültig ist, bleibt sie häufig implizit. Dadurch wird sie aber keineswegs weniger wichtig.

Standpunkt, Begründung und Schlussregel sind also Bestandteil jedes Arguments. Es gibt kein Argument, in dem nicht alle drei Bestandteile vorkommen – auch wenn einer, in seltenen Fällen auch zwei von ihnen implizit bleiben.

Tipp

Die drei Bestandteile eines Arguments – Standpunkt, Begründung und Schlussregel –werden auf verschieden Weise geprüft und angegriffen: Es lohnt sich daher, für eine effektive (Gegen-)Argumentation die Bestandteile sauber auseinanderzuhalten.

Wenn man einen Blick auf die schematisch vollständig dargestellten Argumente wirft und sich in einem kleinen Gedankenexperiment vorstellt, dass eines der drei Elemente nicht explizit vorhanden wäre, kann man ohne Probleme auf den fehlenden Bestandteil schließen. Das ist der Grund dafür, dass Bestandteile implizit bleiben: Wie die Abbildungen (Abb.: 2 – Argument 1 und Abb.: 3 – Argument 2) zeigen, wirkt ein vollständiges Argument sehr leicht überflüssig und belehrend.

Wer mit den einzelnen Elementen eines Argumentes, vor allen Dingen der Schlussregel, vertraut ist, hat gleich einen doppelten Vorteil: Zunächst ist einem beim Aufbau des Argumentes bewusst, was man genau aussagt und welche generelle Regel man verwendet, um Begründung und Standpunkt miteinander zu verbinden. Außerdem bietet besonders die Schlussregel in der kritischen Prüfung und Widerlegung eine große Angriffsfläche (siehe Kapitel 4, Seite 55).

Sobald die Zuhörer die Begründung oder die Schlussregel nicht ausreichend überzeugend finden, benötigen sie weitere **Stützung**. Dann kann das Argument durch zusätzliche Argumente erweitert werden (siehe Abb.: 4 – Argument 3).

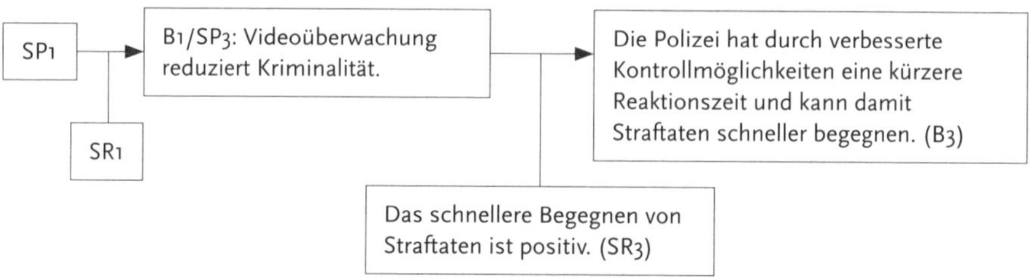

Abb. 4: Argument 3

In unserem Beispiel wird angenommen, dass die Begründung von den Zuhörern noch angezweifelt wird. Deswegen bedarf es eines weiteren Arguments, das den neuen Standpunkt „Videoüberwachung reduziert Kriminalität" zusätzlich stützt.

Die Besonderheit in dieser komplexeren Argumentation ist, dass das eigentliche Argument (A1) und die Stützung (A3) ein gemeinsames Element haben: „Videoüberwachung hat positive Konsequenzen" hat in Argument 1 die Funktion der Begründung und in Argument 3 die Funktion des Standpunktes. Die Funktion der beiden Argumente (Argument 1 und Argument 3) bleibt an sich die gleiche: Ein strittiger Bestandteil wird durch

Begründung und Schlussregel gestützt. Ausführlicher wird diese Art der Struktur im nächsten Teil behandelt.

3.3 Übungen

Die Übung **Argumente röntgen** (zu finden im Internet unter *www.utb-mehr-wissen.de*) hilft Ihnen dabei, Ihren „Röntgenblick“ für implizite und explizite Bestandteile von Argumenten und deren Funktionen zu schulen.

3.4 Das große Ganze: Makrostruktur

Bislang haben wir erfahren, welche Bestandteile einzelne Argumente in ihrer Mikrostruktur haben können. Die Kenntnis der Mikrostruktur hilft dabei, Stärke und Schwäche eines einzelnen Arguments einschätzen zu können. Aber was passiert, wenn wir es mit mehreren Argumenten zu tun haben? In einer **komplexen Argumentation** können Argumente im Wesentlichen auf zwei unterschiedliche Weisen zusammenhängen. Zu wissen, welche Makrostruktur vorliegt, kann ein entscheidender Vorteil sein: Es kann passieren, dass einem im Verlauf einer Diskussion klar wird, dass das Argument doch nicht so stark wahrgenommen wurde, wie man zunächst angenommen hatte. Es kann immer Gegenargumente und Einwände geben, auf die man selbst nicht gekommen ist. Die Kenntnis der verwendeten Makrostruktur hilft dann, die Konsequenzen für die verbleibenden Argumente festzustellen.

Mehrere Argumente können im Wesentlichen auf zwei unterschiedliche Weisen zusammenhängen: Sie können **untergeordnet** oder **gleichgeordnet** auftreten. Bedingt durch die Makrostruktur können die Beziehungen der Argumente zueinander unterschiedlich sein. Wir haben es sozusagen mit zwei Skeletten zu tun, die sich in ihrer Struktur deutlich unterscheiden.

Um **untergeordnete Argumentation** handelt es sich dann, wenn die Argumente sich gegenseitig stützen. Die folgende Abbildung (Abb.: 5 – Untergeordnete Argumentation) verdeutlicht, wie untergeordnete Argumentation zusammenhängt.

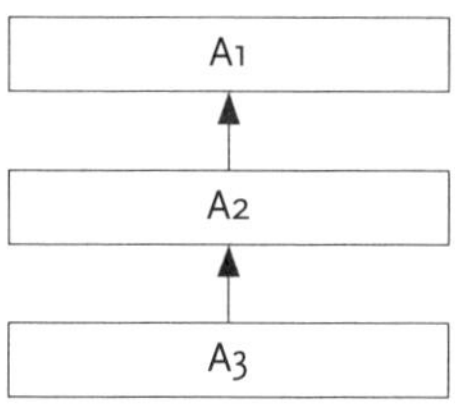

Abb. 5: Untergeordnete Argumentation

Untergeordnete Argumentation liegt dann vor, wenn ein Element des Ausgangsarguments strittig ist, und daher weiter begründet werden muss. In diesem Zusammenhang heißt „untergeordnet" nicht, dass das zweite Argument weniger wichtig ist als das erste. Vielmehr begründen und untermauern die untergeordneten Argumente das Ausgangsargument weiter. Ein Beispiel hierfür ist Argument 3 (Abb.: 4 – Argument 3).

Dies kann sowohl bei der Begründung als auch der Schlussregel notwendig werden, wenn der Zuhörer diesen nicht direkt zustimmt.

Die fehlende Zustimmung zu diesen Bausteinen ist damit gewissermaßen Auslöser für weitere Argumente. Damit das Ausgangsargument akzeptiert wird, sollten die stützenden Argumente zusammengenommen für den Zuhörer akzeptabel sein. Sollte sich also beispielsweise das unterste Argument als nicht akzeptabel herausstellen, fällt damit die Stützung für die übergeordneten Argumente weg – so dass das Ausgangsargument nicht auf größere Zustimmung stoßen wird als vorher.

Die zweite Möglichkeit, wie mehrere Argumente angeordnet sein können, wird **gleichgeordnete Argumentation** genannt. Dabei stützen alle Argumente den gleichen Standpunkt.

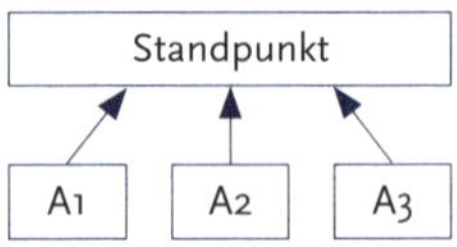

Abb. 6: Gleichgeordnete Argumentation

Hier werden für die Stützung des strittigen Standpunktes mehrere Argumente herangezogen, die nebeneinander stehen. Bei gleichgeordneter Argumentation war – im Gegensatz zur untergeordneten Argumentation – der Standpunkt selbst Auslöser für mehr als ein Argument.

Die Argumente bilden, anders als bei der untergeordneten Argumentation, also keinen Turm, der in sich zusammenfällt, wenn man den untersten Baustein heraus zieht, sondern eine Reihe, die auch dann stehen bleibt, wenn ein Teil fehlt.

Gleichgeordnete Argumente können sich gegenseitig unterschiedlich beeinflussen. Sie können voneinander abhängig oder unabhängig sein. In Gerichtsprozessen zeigt sich die Abhängigkeit besonders deutlich: Der Standpunkt in einem Mordprozess ist, dass der Angeklagte schuldig ist. Argumente hierfür liefern eine Reihe von Indizien, die alle dazu herangezogen werden, die Schuld des Angeklagten zu belegen. Dabei ist ein einzelnes Indiz allein deutlich schwächer als eine ganze Reihe von Indizien. Je mehr Indizien es gibt, desto stärker deutet dies auf die Schuld des Angeklagten hin. Die Indizien übernehmen dabei die Rolle der gleichgeordneten Argumente. Wird ein Indiz widerlegt, und zieht man es damit aus der Reihe heraus, bleibt die Lücke in der Reihe deutlich sichtbar und schwächt damit die Reihe als Ganzes.

Gleichgeordnete Argumente können aber auch voneinander unabhängig sein. Beispielsweise sind die folgenden beiden Gründe gegen Videoüberwachung unabhängig voneinander: „Videoüberwachung ist nicht mit Datenschutz vereinbar" und „Videoüberwachung kostet Unmengen an Steuergeldern." Ein kleiner Test hilft: Verliert das eine Argument an Stärke, wenn das andere entkräftet wird? In diesem Beispiel gegen Videoüberwachung bleiben beide Argumente jeweils unangetastet, wenn das andere entkräftet wird – und sind damit unabhängig voneinander. Wenn aus dieser Art von Reihe ein Argument herausgezogen wird, rücken die anderen automatisch auf, so dass von außen keine Lücken sichtbar sind.

3.5 Das Kind beim Namen nennen: Formulierung

Wenn die Argumente sowohl gefunden als auch aufgebaut sind, ist die gröbste Arbeit erledigt. Nun kann es an den Feinschliff gehen: **die Formulierung**. Auch wenn das Formulieren von Standpunkten, Begründungen und Schlussregeln im eigentlichen Sinne nicht argumentativ ist, kommt ihm dennoch auch innerhalb von Argumenten eine entscheidende Rolle zu. Präsentiert man seinen Zuhörern ein Skelett, bei dem man die blanken Knochen sehen kann, dürften sie das als wenig ansehnlich empfinden. Lässt man das Skelett hingegen als lebendigen Körper erscheinen, wird es die Zuhörer vermutlich mehr überzeugen.

„Des einen Terrorist ist des anderen Freiheitskämpfer" – diese Redewendung zeigt, wie unterschiedlich Formulierungen wirken können: Durch eine **gezielte Wortwahl** werden in den Zuhörern ganz verschiedene Assoziationen geweckt, die in ihrer Tendenz positiv, negativ oder auch neutral belegt sein können. Dabei lassen sich diese Tendenzen nicht strikt Kategorien zuordnen, da das Empfinden des Zuhörers sehr subjektiv ist. Dennoch geht es beim Feinschliff genau darum: das Empfinden seiner Zuhörer zu beeinflussen. Mit Hilfe von gezielter Formulierung sollte man also möglichst diejenigen Assoziationen und Emotionen hervorrufen, die den Zuhörer potentiell vom eigenen Standpunkt überzeugen können.

Am einfachsten gelingt das durch **Schlagworte**. Diese sind nicht neutral, sondern wecken bestimmte – positive oder negative – Assoziationen. Wenn es zum Beispiel darum geht, ein Gespräch zwischen zwei Menschen zu umschreiben, kann dies auf sehr unterschiedliche Weise geschehen: Man könnte einfach nur von einem „Gespräch" berichten, genauso aber auch von einer „Unterhaltung" oder einer „Konversation" einerseits oder eben einem „Geschnattere" oder „Tratsch" andererseits.

Eine subtilere Art Assoziationen und damit Emotionen zu wecken, ist den **Kontext** zu nutzen, in dem ein Argument eingebettet ist. Dieser spielt in jeder Argumentation eine Rolle und kann teilweise vom Sprecher mitbestimmt werden. Wenn dieser zum Beispiel gegen das Werben für Tabak argumentieren will, bettet er seine Argumentation besser in den Kontext einer Erzählung von speziellen Krebsstationen in Krankenhäusern ein, als von einem Sonnenuntergang in der Karibik mit einem gemütlichen Cocktail am Strand. Die Atmosphäre eines Strandes bei Sonnenuntergang sorgt beim Zuhörer für eine positive Stimmung, so dass er vermutlich diejenigen Elemente, die zusätzlich in dieser Erzählung vorkommen, als positiver wahrnehmen wird, als wenn er sich gerade vorstellt, von schwer leidenden Menschen umgeben zu sein.

Tipp

Obwohl für die Argumentation selbst kaum relevant, ist die treffende Wortwahl im Alltagsgespräch häufig ausschlaggebend: Wer die richtigen Begriffe besetzt, gewinnt leichter die Zustimmung der Zuhörer.

3.5.1 Übung: Formulierungs-Pingpong

Lernziel: Diese Übung trainiert Ihr Gefühl dafür, auf wie viele verschiedene Weisen man das gleiche Phänomen umschreiben kann – und wie unterschiedlich die Wirkungen jeweils sein können. Außerdem können Sie so Ihren aktiven Wortschatz erweitern, so dass es Ihnen in der nächsten Redesituation oder Diskussion einfacher fallen wird, die richtigen Worte zu finden.

Übung

Art: Partnerübung
Aktive Teilnehmer: 2-3
Juroren: –
Dauer: mittel
Schwierigkeit: mittel
Material: –

Anwendung: Im Formulierungs-Pingpong gibt es zwei verschiedene Schwierigkeitsgrade. In der ersten Stufe geht es darum, möglichst viele Synonyme zu einem gemeinsam vorher festgelegten Begriff zu finden. Ob der Begriff ein Substantiv oder ein Verb ist, spielt keine Rolle, wobei es für Verben oftmals mehr Synonyme gibt als für Substantive. Sie könnten beispielsweise Begriffe wie „essen", „sterben", „betrunken sein", „entfernen" oder „reden" nehmen. Nun sind die Teilnehmer nacheinander an der Reihe, Synonyme zu diesem Begriff zu finden. Dabei ist es in der einfachen Variante unerheblich, ob die Synonyme positive, negative oder neutrale Assoziationen hervorrufen. Wichtig ist nur, dass sich die Synonyme immer auf den ursprünglich ausgewählten Begriff beziehen, und sich nicht mit jedem weiteren genannten Synonym weiter von diesem entfernen. Die Runde ist beendet, wenn keinem der Teilnehmer ein weiteres Synonym einfällt. Derjenige Teilnehmer, der zuletzt ein passendes Synonym gefunden hat, gewinnt die Runde. Wundern Sie sich nicht, wenn Sie die gefundenen Begriffe noch an Ihren Fingern abzählen können. Falls Sie auch noch Ihre Zehen benötigen sollten, sind Sie richtig gut!

Der Ablauf bleibt auch in der schwierigen Variante derselbe: Die Teilnehmer einigen sich vorher auf einen Begriff und es werden wieder reihum Synonyme genannt. Dieses Mal sollen Sie aber nicht irgendwelche Synonyme nennen, sondern dazu sagen, ob Ihr Wort positiv, neutral oder negativ konnotiert ist. Haben Sie in der vorherigen Schwierigkeitsstufe einfach „Zigarette genießen" oder „rauchen" gesagt, sagen Sie dieses Mal „positiv: Zigarette genießen" beziehungsweise „neutral: rauchen". Das heißt, dass Sie sich im Vorhinein darüber im Klaren sein müssen, ob Ihr Begriff positiv, neutral oder negativ belegt ist. Das Ermitteln des Gewinners erfolgt genauso wie vorher: Derjenige, dem zuletzt ein Synonym eingefallen ist, hat die Runde gewonnen.

3.6 Wie man aus einer Mücke einen Elefanten macht: Amplifikation

Zusätzlich zur Argumentationsstruktur und der Formulierung gibt es weitere Möglichkeiten, mit denen **ein Argument gestärkt werden kann.** Diese sind zwar – wie bereits die Formulierung – nicht mehr im engeren Sinne argumentativ, sollten aber dennoch unbedingt angewendet werden. Nur so wird ein Argument nicht nur als richtig wahrgenommen, sondern erhält darüber hinaus auch die nötige Beachtung. Denn das eigentliche Argument nimmt innerhalb einer Rede oder eines längeren Textes einen verschwindend geringen Teil ein. Selten ist ein Argument länger als ein Satz und damit schon innerhalb von drei Sekunden ausgesprochen. Ohne weitere Zusätze wird es also wahrscheinlich weder im Gedächtnis des Zuhörers bleiben, noch entsprechend beherzigt werden. Um eben das zu verhindern, kann der Sprecher von verschiedenen Werkzeugen Gebrauch machen. Im Folgenden werden einige Möglichkeiten dargestellt, mit Hilfe derer ein Argument weiter vertieft werden kann. Die Liste erhebt keinen Anspruch auf Vollständigkeit, sondern soll in erster Linie ein Gefühl für die nächstliegenden Möglichkeiten vermitteln, mit denen Argumente weiter vertieft werden können. Als Beispiel soll das folgende Argument dienen: „Videoüberwachung sollte verboten werden, weil sie mit dem Datenschutz unvereinbar ist."

Tipp

» Wenn man ein Argument stärken möchte, lohnt es sich, den zentralen Begriff der Begründung zu markieren. Alle Bausteine, die man aus den Folgenden auswählt, müssen mit diesem Begriff zusammenhängen, sonst stärkt man nicht einen vorhandenen Argumentationsast, sondern eröffnet einen neuen.

Stützschema: Kann ich einzelne Argumentationsbausteine weiter **begründen**? Zu Beginn des Kapitels haben wir bereits die Stützung von Argumenten, also untergeordnete Argumentation kennen gelernt. Der Einsatz weiterer Schemata verleiht dem Argument mehr Gehalt. Dabei sollten sich die zusätzlichen Schemata auf bereits verwendete Bausteine der Argumentation beziehen, nicht aber neue strittige Elemente einführen. Um ein Argument weiter zu stützen, kann man sich prinzipiell aller im vorherigen Kapitel bereits erklärten Schemata bedienen (siehe Kapitel 2, Seite 22).

„Datenschutz, beziehungsweise das Recht auf informationelle Selbstbestimmung, ist ein verfassungsrechtlich verankertes Grundrecht."

Relevanz: Warum ist mein Argument überhaupt von Bedeutung und in welchem Zusammenhang steht es? Es geht nicht nur darum, seinem Gegenüber zu zeigen, dass das Argument richtig ist – es muss natürlich auch als wichtig wahrgenommen werden, damit es überhaupt Beachtung findet.

Relevanz kann verdeutlicht werden, in dem man das Argument in einen größeren Zusammenhang setzt.

„Gerade in der heutigen Zeit, in der wir über die technischen Erfordernisse zur Videoüberwachung verfügen, ist es notwendiger denn je, Videoüberwachung zu verhindern!"

Illustration: Welche untermauernden Illustrationen zeigen, dass mein Standpunkt richtig ist? Damit das Argument nicht zu abstrakt wirkt und das Publikum eine konkretere Vorstellung des Gegenstandes bekommt, können Beispiele verwendet werden. Beispiele können das Argument zum einen veranschaulichen, zum anderen sorgen sie für zusätzliche Stützung, weil sie exemplarisch die Richtigkeit des Argumentes belegen. Das Schema, das an dieser Stelle in die Argumentation einbezogen wird, ist das Induktionsargument.

„Das Mautsystem auf Autobahnen ist in der Lage, flächendeckend den Verkehr zu überwachen und sämtliche Autokennzeichen zu erfassen – selbstverständlich fand hier in der Vergangenheit in Bayern und Thüringen schon rechtswidriger Datenmissbrauch statt."

Effekt: Wozu führt mein Standpunkt? Indem man ausführt, welche positiven Folgen sich aus dem Befolgen eines Arguments ergeben (beziehungsweise welche negativen Folgen sich aus dem Nicht-Befolgen ergeben), wird dem Zuhörer aufgezeigt, mit welcher Wirkung zu rechnen ist. Die aufgeführten Effekte dienen der Veranschaulichung und verdeutlichen durch positive und damit wünschenswerte beziehungsweise negative und damit unerwünschte Konsequenzen dem Zuhörer nochmals die Relevanz des Argumentes. Es handelt sich dabei um ein Kausalargument.

„Unsere Bürger können nicht mehr selbst darüber bestimmen, welche Daten sie zu welchem Zeitpunkt von sich preisgeben wollen."

Bild: Wie kann man dem Zuhörer das Argument bildhaft verdeutlichen? Eine bildhafte, metaphorische Veranschaulichung sorgt dafür, dass der

Zuhörer eine nochmals konkretere Vorstellung vom dargestellten Sachverhalt erlangen kann. Dafür ist es vorteilhaft, wenn das Bild dem Zuhörer bekannt ist. Gleichzeitig sollte das Bild natürlich treffend sein. Weniger ist hier mehr: Wenn einem kein treffendes Bild einfällt, sollte man es lieber weglassen, als ein weniger treffendes zu verwenden. Unpassende Metaphern machen sehr schnell einen gekünstelten Eindruck und wirken, als ob man krampfhaft danach gesucht hat. Das kann dazu führen, dass die Glaubwürdigkeit des Sprechers vom Zuhörer in Frage gestellt wird.

„Videokameras in der Öffentlichkeit sind die Nacktscanner der Fußgängerzone."

Vorwegnahme: Welche Gegeneinwände könnten gegen das Argument hervorgebracht werden und wie kann man diese entkräften? Hier wird ein möglicher Einwand oder ein Gegenargument aufgegriffen, aber sogleich wieder entkräftet. Ein solcher möglicher Einwand kann dadurch entkräftet werden, in dem man aufzeigt, dass er entweder irrelevant ist oder aber vom Ausgangsargument überschattet wird. Die Vorwegnahme kann besonders bei unentschiedenen oder skeptischen Zuhörern wirkungsvoll sein, da sie zeigt, warum das Ausgangsargument einem möglichen Gegenargument überlegen ist.

„Selbst wenn Videoüberwachung vereinzelt zu einem Rückgang an Kriminalität führen mag, sollte man lieber in andere Möglichkeiten der Prävention investieren, da der Schutz des Persönlichkeitsrechtes wichtiger ist, als einen Überwachungsstaat zu errichten."

Zugeständnis: Kann man dem Zuhörer durch Zugeständnisse entgegenkommen? Indem man gewisse Zugeständnisse macht, hat der Zuhörer das Gefühl, dass seine Gegenposition nicht unbedacht bleibt. Natürlich sollte man nur solche Dinge zugestehen, die das eigene Argument nicht untergraben.

„Natürlich sollte man privates Gelände von einem solchen Verbot ausnehmen, damit nicht plötzlich die Anzahl der Überfälle in Tankstellen und Banken explodiert."

Label: Im vorigen Abschnitt wurde schon auf die Wichtigkeit der Formulierung hingewiesen. Auf die Spitze getrieben kann man das Label als einzelnen Baustein für das Ausbauen von Argumenten verwenden. Dabei belegt man in einem Einzeiler das eigene Argument mit einem besonders günstigen Etikett beziehungsweise das gegnerische mit einem besonders negativen. Dieser Baustein sollte nicht länger als einen Satz sein, damit er den Zuhörern auch tatsächlich im Gedächtnis bleibt. Dies erfordert eine ordentliche Portion an Kreativität. Falls einem für diesen Baustein keine gute Idee kommt, sollte man lieber ganz auf ihn verzichten.

„Wer den gläsernen Bürger will, muss wissen, wie schnell Glas zerbricht, wenn es von einem Polizeischlagstock getroffen wird."

3.6.1 Übungen

Mit Hilfe der Übung **Argumentations-Chrie** (im Internet zu finden unter *www.utb-mehr-wissen.de*) können Sie dieses Wissen in die Tat umsetzen und lernen, wie Sie Ihrem argumentativen Skelett künftig mehr Leben einhauchen können.

3.7 Ausblick

Dieses Kapitel hat Ihnen nun einen Überblick darüber gegeben, aus welchen Bestandteilen sich Argumente zusammensetzen, und wie mehrere Argumente angeordnet sein können. Darüber hinaus konnten Sie einen ersten Einblick in den Ausbau von Argumenten gewinnen, der Ihnen sowohl in Gesprächen als auch in Redesituationen dabei helfen sollte, einzelnen, kurzen Argumenten das nötige Gewicht zu verleihen. Aber der Aufbau ist nur eine Seite der Medaille. Deshalb beschäftigt sich das nächste Kapitel damit, bereits aufgebaute Argumente zu widerlegen.

4. Argumente widerlegen

4.1 Das Fundament der Widerlegung: Grundlagen

Nachdem die vorangegangenen Kapitel die positive Argumentation – Findung von Argumenten und deren Ausbau – beleuchtet haben, nimmt dieses Kapitel eine **kritische Perspektive** ein: Wie werden Argumente, die bereits vorliegen, kritisch hinterfragt und gegebenenfalls zu Fall gebracht? In diesem Abschnitt wird also die Partnerin unseres Protagonisten aus der Einleitung stärker zu Wort kommen und in Beispielen versuchen, die Argumentation für Dubrovnik als Reiseziel zu testen und zu widerlegen.

Die Systematik der Kritik und Widerlegung geht in vielen Bereichen Hand in Hand mit der Systematik positiver Argumentation. Bildlich gesprochen versucht der Protagonist einer Argumentation ein Gebäude zu errichten, während die Kritikerin bemüht ist, dieses einzureißen. Beide verbindet – um im gleichen Bild zu bleiben – ein Interesse an der Statik des Gebäudes: Der Protagonist muss sicherstellen, dass er ausreichend Stützpfeiler einbaut, damit das Bauwerk sicher steht, und die Antagonistin spezialisiert sich auf die Schwachstellen dieser Statik, an der das Gebäude mit dem geringsten Aufwand zum Einsturz gebracht werden kann. Damit erfüllt dieses Kapitel eine doppelte Funktion: Dem Protagonisten zeigt es systematische Schwachstellen von Argumenten auf, damit er sie gezielt verstärken kann. Der Antagonistin hingegen gibt es die wirksamsten Ansatzpunkte für Kritik und Widerlegung.

Eine wirksame Kritik setzt die Kenntnis von drei aufeinander folgenden **Ebenen** voraus. Die oberste Ebene betrifft die Frage der **Beweislastverteilung** in der Argumentation. Die mittlere Ebene bilden die **Argumentationsstrukturen**. Auf der unteren Ebene schließlich stehen die **einzelnen Argumente**. Da die beiden oberen Ebenen vergleichsweise einfach sind und zudem in anderen Kapiteln ausreichend detailliert behandelt werden, liegt der Schwerpunkt dieses Kapitels auf der unteren Ebene: Wie können einzelne Argumente wirkungsvoll hinterfragt und gegebenenfalls widerlegt werden?

4.1.1 Beweislast

Die erste Aufgabe der Kritikerin einer Argumentation besteht darin, herauszufinden, welche **Beweislast** der Protagonist für seine Behauptungen trägt: Muss er lückenlos nachweisen, dass sein Anliegen notwendig und richtig ist, oder genügt es ihm, zu zeigen, dass es besser ist als mögliche Alternativen? Unserem Protagonisten aus der Einleitung reicht offensichtlich ein leichter Ausschlag für Dubrovnik als Urlaubsziel – er muss nur zeigen, dass es besser ist als der Vorschlag seiner Partnerin. Dem Staatsanwalt, der die Anklage gegen einen Autodieb vorbereitet, genügt es nicht, nachzuweisen, dass der Angeklagte wohl eher schuldig als unschuldig ist – er hat eine deutlich höhere Beweislast.

Beweislast und Redegattungen
Die klassische Rhetorik unterscheidet zwischen drei Redegattungen mit jeweils unterschiedlichen Beweislasten für den Protagonisten: Anklage und Verteidigung (*genus iudiciale*) mit einer qualifizierten Beweislast für den Ankläger, die im nachfolgenden Kapitel detailliert behandelt wird (siehe Kapitel 5, Seite 81); Beratungsrede oder -gespräch (*genus deliberativum*), in dem der Protagonist meist nur eine einfache Beweislast trägt, und Festrede (*genus demonstrativum*), die sich in der Regel durch eine sehr eingeschränkte Beweislast auszeichnet.
Stellt der Gesprächspartner die Redegattung der vorliegenden Beiträge fest, so bekommt er damit meist schon wichtige Hinweise darauf, welche Beweislasten er – oder seine Gegnerin – trägt.

Im Standardfall der Beratungsrede („Was sollen wir tun?") trägt der Protagonist eine nahezu gleiche Beweislast wie die Antagonistin. Wenn das Paar aus unserem Einleitungsbeispiel darüber argumentiert, ob sie den nächsten Urlaub in Dubrovnik oder bei „Rock am Ring" verbringen sollen, dann haben beide die gleiche Aufgabe: bessere Argumente als der jeweils andere vorzubringen. Keiner von beiden muss zweifelsfrei nachweisen, dass der jeweilige Urlaub unter allen Umständen die perfekte Wahl wäre.

Anders sieht es hingegen aus, wenn einer von beiden den **status quo** für sich reklamieren kann. Ist die Reise nach Dubrovnik zum Beispiel bereits abgesprochen oder einvernehmlich gebucht, dann müssen die Argumente für „Rock am Ring" deutlich überwiegen um eine Änderung herbeizuführen. Ist sogar der Freundeskreis zu der gemeinsamen Reise an die Adria eingeladen und hat sich darauf eingestellt, so wird es für die Gegnerin dieser Wahl noch schwieriger.

Ähnlich verhält es sich auch bei anderen Beratungsgesprächen. Sollen etwa in der Politik Gesetze geändert werden, dann ist es Aufgabe des Antragstellers zu zeigen, dass der vorliegende status quo (die bisherige Gesetzeslage) mangelhaft ist, und dass das neue Gesetz hier Abhilfe schaffen würde. Will er gar eine Verfassungsänderung herbeiführen, dann erhöht sich seine Beweislast noch weiter.

Die erste Frage, die sich die systematische Kritikerin also stellen muss, lautet: Zu welcher **Redegattung** gehört die vorliegende Auseinandersetzung, wo liegt der **status quo** und welche argumentative Beweislast muss mein Gegner folglich erfüllen, um erfolgreich zu sein?

Tipp

>> Was als Beleg für die Wahl eines Urlaubsziels völlig ausreicht, ist als Basis für eine Beschuldigung häufig unzureichend – es kommt immer auf die Beweislast des Protagonisten an.

4.1.2 Argumentationsstrukturen

Ist diese erste Frage geklärt, so geht es an eine kurze Analyse der Strukturen der vorgebrachten Argumentation. Dieses Element der kritischen Prüfung ist das Gegenstück zur positiven **Argumentationsstruktur** und entspricht ihr weitgehend (siehe Kapitel 3, Seite 45). Entsprechend werden an dieser Stelle nur die wichtigsten Aspekte kurz umrissen.

Um eine Argumentation vollständig zu widerlegen, müssen alle separaten Argumentationsstränge widerlegt werden. Die Argumentationsstrukturen entsprechen dabei einem Baum, von dem man jedes Blatt abschneiden will. Dazu kann man jeweils bei den kleinsten Zweigen ansetzen und diese abknipsen, oder ganze Äste absägen und damit automatisch auch die entsprechenden Zweige trennen. Was in der jeweiligen Argumentation möglich ist, entscheidet dabei die Struktur des Protagonisten und die Stärke seiner Argumente. So genügt es bei **untergeordneten Argumenten** nur eine einzige Verbindung zu trennen, um den Protagonisten zu widerlegen, während bei **gleichgeordneten Argumenten** jede einzelne Verbindung gekappt werden muss. Die Trennung selbst findet dann auf Ebene der einzelnen Argumente statt.

Tipp

>> Wer erfolgreich die Grundlagen einer Argumentation angreift, arbeitet effizienter als derjenige, der sich Argument für Argument durch die obersten Ebenen der Argumentation kämpft.

4.1.3 Einzelne Argumente

Die unterste Ebene befasst sich damit, wie die **einzelnen Argumente**, aus denen sich die Argumentationsstrukturen zusammensetzen und die das Beweisziel belegen sollen, getestet und widerlegt werden können. Auf dieser Ebene liegt das Hauptaugenmerk in diesem Kapitel.

Um ein Argument zu testen und zu kritisieren, stehen der Antagonistin drei verschiedene Werkzeuge zu Verfügung, die sich in der **Widerlegung** ergänzen und kombinieren lassen: **Gegenargumente**, **Spiegelargumente** sowie **Einwände** beziehungsweise **kritische Fragen.**

Gegenargumente: Die einfachste Form einer Widerlegung ist ein (stärkeres) **Gegenargument**. Bei dieser Variante wird das Argument des Gegners zunächst überhaupt nicht selbst angegriffen, sondern einfach durch ein überzeugenderes aufgewogen. Man kann sich dieses Verfahren recht leicht verdeutlichen, wenn man sich den gesamten Argumentationsprozess mit Hilfe einer klassischen zweiarmigen Balkenwaage veranschaulicht. Ziel der beiden Gesprächsparteien ist es, dass am Ende der Auseinandersetzung der Zeiger zur eigenen Seite ausschlägt, das heißt, sich auf der eigenen Waagschale die gewichtigeren Argumente befinden. In diesem Beispiel übernimmt das Gegenargument die Rolle der Gewichtsstücke, die man in die eigene Waagschale legt, um die gegnerischen Argumente auszugleichen. Die Findung und Konstruktion der Gegenargumente erfolgt dabei auf die gleiche Weise wie die der Gegenseite. Argument und Gegenargument unterscheiden sich lediglich in ihrem Beweisziel.

Argument: „Wir sollten nach Dubrovnik in den Urlaub fahren. Alle unsere Freunde sagen, dass man dort wunderschön entspannen kann."

Gegenargument: „(Das mag ja sein, aber) ein paar Tage Rock am Ring sind viel günstiger. Ich habe gehört, Dubrovnik ist in den letzten Jahren immer teurer geworden und im Augenblick können wir uns so einen Urlaub einfach nicht leisten."

Spiegelargumente: Eng mit dem Gegenargument verwandt und in gewisser Hinsicht eine Kreuzung aus Gegenargument und Einwand ist das **Spiegelargument**. In dieser Variante wird die Schlussregel (siehe Kapitel 3, Seite 36) des Gegners stabil gehalten und lediglich die Prämissen werden so verändert, dass sich ein entgegengesetztes Argument daraus ergibt. Dies führt zu zwei wichtigen Unterschieden im Vergleich zum Gegenargument. So ist zum einen die **Auswahl der Einwände**, die der Protagonist gegen ein Spiegelargument der Antagonistin vorbringen kann, beschränkt. Im Gegensatz zum Gegenargument kann er ihre Schlussregel beispielsweise nicht mehr angreifen, da er diese gerade selbst eingeführt hat. Zum anderen eröffnet ein Spiegelargument den Parteien eine zusätzliche Möglichkeit: Sie können einvernehmlich eine Art **Patt** erklären und beide Argumente zurückziehen. In unserem Bild gesprochen bedeutet dies, dass beide Gewichte aus der jeweiligen Waagschale entfernt werden.

Argument: „Christian hat mit erzählt, dass Dubrovnik der perfekte Urlaubsort ist."

Spiegelargument: „Caro hat mir erzählt, dass ‚Rock am Ring' ein Superfestival ist und hervorragend für einen Kurztrip geeignet wäre."

Optionales Patt: „Okay, lass' uns einmal die Meinungen unserer Freunde beiseite lassen und über ... sprechen."

Einwände und kritische Fragen: Die dritte Variante der Widerlegung sind **Einwände und kritische Fragen**. Im Unterschied zu den beiden vorangegangenen Formen sind Einwände direkte Angriffe auf das Argument des Gegners. In unserem Waagenbeispiel ist das Ziel eines Einwandes oder einer kritischen Frage nicht das Hineinlegen von Gewichtsstücken in die eigene Waagschale, sondern die Wegnahme von Gewichtsstücken des Gegners.

Kritische Fragen und Einwände sind dabei zwei Seiten der gleichen Medaille und werden hier entsprechend gemeinsam behandelt. Beide zielen auf die systematischen Schwachstellen von Argumenten, aber während kritische Fragen diese in Frageform prüfen, greifen Einwände sie direkt in Aussageform an. Freilich gibt es neben dieser rein grammatikalischen Unterscheidung zwischen kritischen Fragen und Einwänden auch ein paar praktische Unterschiede. So greifen beide auf unterschiedliche Weise ins Gespräch ein (wer eine „Frage" stellt, erwartet in der Regel eine Antwort, bei einem Einwand ist dies nicht immer im gleichen Maß der Fall) und bringen etwas andere Beweislasten für die Antagonistin mit sich. Da insgesamt die Gemeinsamkeiten deutlich überwiegen, werden sie an dieser Stelle im Wesentlichen als gleichwertig behandelt.

Kritische Frage: „(Du sagst, dass Caro dir von ‚Rock am Ring' vorgeschwärmt hat, aber) war sie denn überhaupt schon einmal dort und kennt sie sich mit Musik aus?"

Einwand: „(Du sagst, dass Caro dir von ‚Rock am Ring' vorgeschwärmt hat, aber) sie war doch noch nie dort und kennt sich mit Musik überhaupt nicht aus!"

Wer argumentiert stellt eine Reihe von Behauptungen auf. Diese variieren dabei in Abhängigkeit vom jeweils genutzten Argumentationsschema und die meisten dieser Behauptungen bleiben im Gespräch implizit. Die Einwände und kritischen Fragen sind das Werkzeug, um diese Behauptungen zu testen. Sobald die Antagonistin erkannt hat, welches Argumentationsschema der Protagonist nutzt, kann sie auf die zu diesem Schema gehörige Liste von kritischen Fragen zugreifen, und so prüfen, ob alle notwendigen Behauptungen zutreffen. Ist dies der Fall, so ist das Argument vollständig intakt und kann nur durch Gegenargumente oder gegebenenfalls Spiegelargumente entkräftet werden. In den meisten Fällen zeigt eine Befragung aller **impliziten Behauptungen** jedoch systematische Schwachstellen auf, an denen das Argument angegriffen werden kann. Die Kenntnis dieser Gelenkstellen des jeweiligen Schemas ist damit von großem Wert für eine erfolgreiche Widerlegung von Argumenten. Gelingt es einem Argumentierenden nicht auf legitime kritische Fragen zu antworten, dann muss er vernünftigerweise sein Argument zurückziehen, da er die Annahmen, auf denen es basiert, nicht aufrechterhalten kann.

Tipp

>> Damit bei der Abwägung der Argumente die Waage zur eigenen Seite ausschlägt, können entweder gegnerische Gewichte von der einen Waagschale genommen werden (kritische Fragen) oder neue Gewichte auf die eigene Schale gelegt werden (Gegenargumente).

4.2 Die Achillesferse der Argumentation: Einwände und kritische Fragen

Im Folgenden werden die wichtigsten Argumentationsschemata mit ihren jeweiligen kritischen Fragen kurz vorgestellt und erläutert. Wie schon im Kapitel zur Findung von Argumenten (siehe Kapitel 2, Seite 21) kommt es dabei nicht auf eine vollständige Auflistung aller Argumentationsschemata an, sondern es werden die im Alltagsgespräch wichtigsten und relevantesten ausgewählt. Für die vorliegenden Zwecke werden dabei zudem teilweise leicht andere Schwerpunkte in ihrer Auswahl und Untergliederung gesetzt. Dieses Vorgehen ermöglicht es, die wichtigsten kritischen Fragen vorzustellen. Das Verständnis dieser Schemata ermöglicht so auch eine unkomplizierte Übertragung des Prinzips der kritischen Fragen auf andere Argumente im Alltagsgespräch.

Wie bereits zuvor bei der Betrachtung der Argumentationsstrukturen aus kritischer Sicht, ist ein Teil des nachfolgenden Abschnitts dem Kapitel „Argumente finden“ recht ähnlich. Diese Ähnlichkeit soll aber nicht über die deutlich verschiedene Zielsetzung hinwegtäuschen: Während dort Argumente gefunden und produziert werden, liegt hier der Schwerpunkt auf der Prüfung und Widerlegung von Argumenten. Entsprechend werden auch bei Auswahl und Darstellung der Schemata etwas andere Prioritäten gesetzt.

Die Listen der kritischen Fragen zu den folgenden Argumenten sind in ihrem **Aufbau** weitgehend vollständig, das heißt, eine Beantwortung aller vorliegenden Fragen bedeutet, dass das Argument als *Produkt* intakt ist. Dies sagt aber noch nichts über den *Prozess* der Argumentation aus. Die den Argumentationsprozess betreffenden kritischen Fragen sind schemaunabhängig und werden am Ende dieses Abschnitts getrennt behandelt. Zusammen mit den kritischen Fragen hingegen behandelt werden die Ausgangspunkte für Spiegelargumente im jeweiligen Schema.

In der Regel können die meisten kritischen Fragen zu einem Alltagsargument problemlos beantwortet werden. Kein vernünftiger Gesprächspartner bringt so abwegige oder schwache Argumente vor, dass jede mögliche kritische Frage auch einen realen Angriffspunkt für den Gegner aufzeigt. Die Listen der kritischen Fragen sind daher **heuristische Werkzeuge**, die gedanklich durchgespielt werden und aus denen im Gespräch dann nur diejenigen, die am meisten Erfolg versprechen, ausgewählt und tatsächlich vorgebracht werden. Aus diesem Grunde ist es auch nahezu unmöglich, Beispiele zu finden, an denen alle Fragen einer Liste sinnvoll vorgestellt werden können. Entsprechend stammen auch im Folgenden die jeweiligen Beispiele aus unterschiedlichen Streitgesprächen.

Tipp

Nicht jede mögliche kritische Frage ist auch ein geeignetes Werkzeug für eine erfolgreiche Argumentation. Kritische Fragen müssen wohldosiert sein, um die eigene Glaubwürdigkeit nicht zu gefährden.

In der Praxis können die kritischen Fragen zudem um **destruktive Fragen** ergänzt werden, welche die Argumentation zwar nicht im gleichen Maße voranbringen, aber als taktische Mittel im Gespräch ihren Wert haben können (siehe Kapitel 6, Seite 106).

4.2.1 Analogieargument

Das **Analogieargument** ist das simpelste Argumentationsschema. Es setzt voraus, dass sich zwei Objekte oder Eigenschaften (die Analogiequelle und das Analogieziel) relevant ähneln und dass entsprechend die Aussagen über die Quelle auch auf das Ziel übertragen werden können.

Beispiel: „In vielen Städten Englands gibt es schon eine nahezu flächendeckende Videoüberwachung – also könnte dies doch auch ein Erfolg versprechender Weg für die Verbrechensbekämpfung in Deutschland sein."

Kritische Fragen

1. **Ist die Aussage über die Analogie zutreffend?**
   („Gibt es tatsächlich flächendeckende Videoüberwachung in englischen Städten?")
2. **Stimmen die Aussagen in der Analogiequelle und im Analogieziel überein?**
   („In England mag es das ja geben, aber ist es auch erfolgreich?")
3. **Sind die beiden Analogieträger essentiell ähnlich?**
   („Hat England nicht ganz andere Probleme als Deutschland?")
4. **Gibt es ähnlichere Analogiequellen, deren Eigenschaften mit der vorliegenden Aussage unvereinbar sind? (Spiegelargument)**
   („Waren die bisherigen Versuche mit intensiver Videoüberwachung in Österreich und der Schweiz nicht weitgehend erfolglos?")

Tab. 3: Kritische Fragen zum Analogieargument

4.2.2 Autoritätsargument

Beim **Autoritätsargument** wird die Glaubwürdigkeit, die eine bestimmte Quelle (die Autorität) bei den Zuhörern genießt, auf die Zielbehauptung übertragen. Diese Glaubwürdigkeit kann auf unterschiedliche Art zu Stande kommen; die beiden wichtigsten Formen davon sind a) positive Erfahrungen, welche die Zuhörer direkt mit der Autorität gesammelt haben (**absolute Autorität**) oder b) positive Erfahrungen mit der Gruppe, zu der die Autorität gehört (**relative Autorität**). Zur ersten Form gehören etwa Familie und Freunde, aber auch anerkannte Persönlichkeiten oder respektierte Schriften, zur zweiten Gruppe gehören die klassischen Experten, also Fachleute, Professoren, Autoren etc., die nicht persönlich bekannt sind, sondern in der Argumentation erst als Mitglieder der jeweiligen Gruppe eingeführt werden.

Beispiel: „Der Tübinger Biologieprofessor Hildebrand weist in seinem jüngsten Artikel in ‚Nature' darauf hin, dass Zoos einen wichtigen Beitrag zum Schutz bedrohter Tierarten leisten können, Zoos sind also für die Artenvielfalt wichtig."

Kritische Fragen

1. **Trifft die Autorität die Aussage?**
   („Steht das so überhaupt in seinem Artikel?")
2. **Stimmen die Behauptung und die Aussage der Autorität überein?**
   („Er sagt zwar, dass sie es können, aber tun sie es tatsächlich auch?")
3. **Ist die betreffende Gruppe von Autoritäten/diese Autorität erfahrungsgemäß vertrauenswürdig?**
   („Haben uns die Herren Professoren aus dem Elfenbeinturm – seien es nun Astronomen, Theologen oder Biologen – nicht schon alles mogliche vorausgesagt?")
4. **Gehört die zitierte Quelle der Gruppe von Autoritäten an? (nur bei relativen Autoritätsargumenten)**
   („Ist dieser Hildebrand wirklich ein Biologieprofessor?")
5. **Stammt die Aussage der Autorität aus dem Gebiet ihrer Expertise?**
   („Sind für Zoos nicht eher spezifische Zoologieexperten gefragt?")
6. **Spricht die Autorität frei von Sondereinflüssen (unvoreingenommen, frei von unlauteren Interessen oder Motivationen, bei vollem Verstand etc.)?**
   („Sitzt Professor Hildebrand nicht im Aufsichtsrat des größten Zoobetreibers in Deutschland?")
7. **Gibt es gleichrangige oder höhere Autoritäten, deren Aussagen im Widerspruch zur herangezogenen Autorität stehen? (Spiegelargument)**
   („Hat die ‚DFG-Sonderforschungsgruppe Zoos' nicht neulich genau das Gegenteil verlauten lassen?")

Tab. 4: Kritische Fragen zum Autoritätsargument

4.2.3 Kausalargument

Das **Kausalargument** ist streng genommen eine Variante des Teil-Ganzes-Arguments (siehe Kapitel 4, Seite 67). Da es jedoch einige interessante Eigenarten aufweist und in Alltagsgesprächen recht wichtig ist, wird es hier separat behandelt. Das Kausalargument tritt in zwei verschiedenen Formen auf, die sich weitgehend spiegelverkehrt zueinander verhalten: als Schluss von einer **Wirkung auf die Ursache** und als Schluss von einer **Ursache auf die Wirkung**. Der erste Schritt zu Bestimmung der jeweiligen kritischen Fragen ist also die Zuordnung zu einer dieser beiden Formen.

Beispiel (Wirkung auf Ursache – starke Variante):

„Die Münchner U-Bahn-Attentäter konnten nur mit Hilfe der Videoaufzeichnungen gefasst und verurteilt werden – da muss man den Einsatz dieser Videokameras doch gutheißen!"

Bei der **starken** Variante des **Schlusses von der Wirkung auf die Ursache** wird behauptet, dass immer, wenn die Wirkung vorliegt, vorher oder gleichzeitig auch die Ursache vorgelegen hat, also die Ursache für die Wirkung **notwendig** ist. Dies ermöglicht es, in gewissem Maß Eigenschaften der Wirkung auf die Ursache zu übertragen. Ist beispielsweise die Wirkung erstrebenswert, gilt dies in dieser Hinsicht auch für die Ursache, ist die Wirkung nachgewiesen, dann auch die notwendige Ursache etc.

Beispiel (Wirkung auf Ursache – schwache Variante):

„In zahlreichen videoüberwachten innerstädtischen Brennpunkten ist die Kriminalität zurückgegangen – offensichtlich sorgen Kameras also für mehr Ruhe und Ordnung!"

Bei der **schwachen** Variante wird zwar keine notwendige Ursache angenommen, dafür aber zumindest behauptet, dass die Ursache für die Wirkung **eine besondere Bedeutung** hat, also etwa sehr häufig ist oder die beste Erklärung etc.

Beispiel (Ursache auf Wirkung – starke Variante):

„Wer überwacht werden muss, ist ein potentieller Krimineller, also führt eine flächendeckende Videoüberwachung dazu, dass unschuldige Bürger unter Generalverdacht gestellt werden."

Die beiden Varianten des **Schlusses von der Ursache auf die Wirkung** verhalten sich dazu jeweils spiegelverkehrt, das heißt, in der starken Variante wird von einer **hinreichenden** Ursache für die Wirkung ausgegangen, in der schwachen ein **Relevanzverhältnis** behauptet.

Beispiel (Ursache auf Wirkung – schwache Variante):

„Der Tiger in diesem Zoo wird nicht artgerecht gehalten und allgemein schlecht behandelt – ich nehme an, dass er spätestens in einem Jahr tot ist."

In bestimmten Fällen – wenn die Ursache für die Wirkung notwendig und hinreichend ist – sind auch beide Schlussformen möglich. Da auch in diesen Fällen in der Regel jedoch nur eine Schlussrichtung im Argument genutzt wird, bedarf es keiner separaten Liste von kritischen Fragen für diese Form.

Beispiel (notwendige und hinreichende Ursache):

„In der Umgebung des Reaktors wurde eine sehr hohe radioaktive Strahlung gemessen – hier muss es einen schweren Störfall gegeben haben."

„In diesem Reaktor hat es einen schweren Störfall gegeben – es ist davon auszugehen, dass in der Umgebung eine sehr hohe radioaktive Strahlung gemessen werden kann."

Wirkung auf Ursache

Im Folgenden werden die **Schlüsse von der Wirkung auf die Ursache** getrennt dargestellt. Die Übergänge zwischen der starken und der schwachen Variante sind dabei häufig fließend.

„Flächendeckende Videoüberwachung führt nachweislich zu weniger Gewalttaten in Innenstädten, also sollte die Gesundheit unserer Bürger die Anschaffung von Kameras rechtfertigen."

Kritische Fragen – Starke Variante

1. **Hat die Wirkung die behauptete Eigenschaft (das heißt sie ist zum Beispiel möglich, wirklich, erstrebenswert etc.)?**
   („Ist eine Reduktion von Gewalttaten in den betreffenden Innenstädten erkennbar?")
2. **Stimmt die Eigenschaft der Wirkung und der Behauptung für die Ursache überein?**
   („Liegt die Reduktion nur vor oder ist sie auch erstrebenswert?")
3. **Gibt es Fälle in denen die „Wirkung" ohne die „Ursache" vorliegt?**
   („Führt nicht auch eine höhere Polizeipräsenz zur Verringerung von Straftaten in Innenstädten?")
4. **Ist die sogenannte „Ursache" zeitlich früher (oder gleichzeitig) zur „Wirkung"?**
   („Ist es nicht eher so, dass nachdem Gemeinden für eine Verringerung der Kriminalität in Innenstädten gesorgt haben, sie danach auch Kameras anschaffen, um das Paket abzurunden?")

Tab. 5: Kritische Fragen zum Kausalargument (Wirkung auf Ursache) – Starke Variante

Kritische Fragen – Schwache Variante

5. **Ist die sogenannte „Ursache“ für die „Wirkung“ relevant (das heißt, macht sie die „Wirkung“ maßgeblich wahrscheinlicher oder ist sie ein wichtiger von wenigen (alternativ) notwendigen oder relevanten Faktoren)?**
   („Ist die Videoüberwachung ein maßgeblicher Faktor zur Reduktion von Gewaltverbrechen in Innenstädten?“)
6. **Gibt es andere sogenannte „Ursachen“, die sich für die Übertragung der Eigenschaften (möglich, wirklich, erstrebenswert etc.) der „Wirkung“ besser eignen?**
   („Wäre eine höhere Polizeipräsenz nicht deutlich kostengünstiger und eher vereinbar mit Datenschutz und Bürgerrechten?“)
7. **Hat die sogenannte „Ursache“ auch andere „Wirkungen“ deren Eigenschaften im Widerspruch zur übertragenen Eigenschaft der herangezogenen „Wirkung“ stehen? (Spiegelargument)**
   („Führt eine flächendeckende Videoüberwachung nicht zum gläsernen Bürger à la Orwell?“)

Tab. 6: Kritische Fragen zum Kausalargument (Wirkung auf Ursache) – Schwache Variante

Ursache auf Wirkung

Auch beim Schluss von der vorliegende **Ursache auf eine behauptete Wirkung** sind die Übergänge zwischen starker und schwacher Variante in der Praxis häufig fließend. Die Kenntnis der kritischen Fragen für beide Formen ist damit häufig für die Bewertung hilfreich.

„Natürlich leiden Tiere in Zoos: Es sind fühlende und intelligente Wesen, die wir aus ihrer natürlichen Umgebung reißen.“

Kritische Fragen – Starke Variante

1. **Hat die Ursache die behauptete Eigenschaft?**
   („Haben Tiere Gefühle und ausreichend Intelligenz für derartige Wahrnehmungen?“)
2. **Stimmen die Eigenschaften von Ursache und Wirkung wie behauptet überein?**
   („Selbst wenn es stimmt, dass Tiere in Zoos ein wenig leiden, ist das denn überhaupt schlimm?“)

3. **Gibt es Fälle in denen die sogenannte „Ursache“ ohne die „Wirkung“ vorliegt?**
   („Müssten dann nicht auch die Urlauber auf einem Kreuzfahrtschiff leiden?“)
4. **Ist die sogenannte „Wirkung“ zeitlich später (oder gleichzeitig) zur „Ursache“?**
   („Leiden viele Tiere nicht schon lange, bevor sie für Zoos gefangen werden?“)

Tab. 7: Kritische Fragen zum Kausalargument (Ursache auf Wirkung) – Starke Variante

Kritische Fragen – Schwache Variante

5. **Ist die sogenannte „Wirkung“ eine relevante Folge der „Ursache“? (das heißt, macht die „Ursache“ die „Wirkung“ maßgeblich wahrscheinlicher oder ist sie ein wichtiger von wenigen (alternativ) notwendigen oder relevanten Faktoren)**
   („Führt lediglich ein dauerhafter Tapetenwechsel wirklich zu mehr Leid und Unzufriedenheit“)
6. **Gibt es andere sogenannte „Wirkungen“, die sich für die Übertragung der Eigenschaften der „Ursache“ besser eignen?**
   („Erlebt es das Krokodil nicht vielleicht eher als willkommenes Abenteuer, endlich mal aus seinem angestammten Sumpf herauszukommen?“)
7. **Hat die sogenannte „Wirkung“ auch andere „Ursachen“ deren Eigenschaften im Widerspruch zur übertragenen Eigenschaft der herangezogenen „Ursache“ stehen? (Spiegelargument)**
   („Glaubst du nicht, dass die Antilope, die in freier Wildbahn vom Löwen zerfleischt wird, viel mehr leidet – die ständige Angst davor muss sie im Zoo ja nicht mehr haben, oder?“)

Tab. 8: Kritsche Fragen zum Kausalargument (Ursache auf Wirkung) – Schwache Variante

4.2.4 Teil-Ganzes-Argument

Unter das **Teil-Ganzes-Argument** fällt eine große Gruppe von teilweise auf den ersten Blick recht unterschiedlich erscheinenden Argumenttypen, zu denen streng genommen auch das vorangegangene Kausalargument zählt. Für den vorliegenden Zweck – die praktische Prüfung und Widerlegung von Alltagsargumenten – sollen hier vor allem zwei Typen unterschieden werden: Argumente **vom Ganzen auf seine Teile** und Argumente von den **Teilen auf das Ganze.**

Ganzes – Teil: Starke Variante

Bei diesem Argumentationsschema wird eine Eigenschaft von einer übergeordneten Gruppe B auf eine untergeordnete Gruppe A übertragen. (siehe Abb.: 7 – Ganzes – Teil (starke Variante))

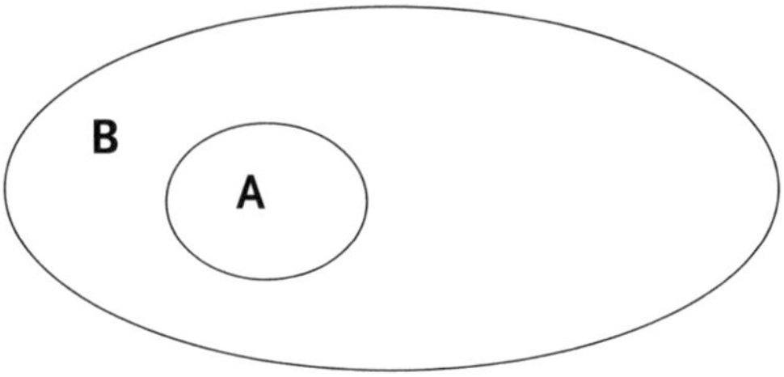

Abb. 7: Ganzes – Teil (starke Variante)

Da alles, was Teil von A ist, auch ein Teil von B ist, hat A notwendigerweise alle Eigenschaften B.

Ganzes – Teil: Schwache Variante

Diese Übertragung funktioniert uneingeschränkt nur, wenn A vollständig Teil von B ist. In Alltagsgesprächen ist dies aber nicht immer der Fall. Eine gewisse Kraft kann dieser Argumenttypus aber auch noch entfalten, wenn zwar nicht alle, aber doch zumindest die meisten (relevantesten, häufigsten etc.) Fälle von A auch B sind. In dem Maße, in dem dies nicht mehr gegeben ist, nimmt die Überzeugungskraft dieses Schemas jedoch ab.

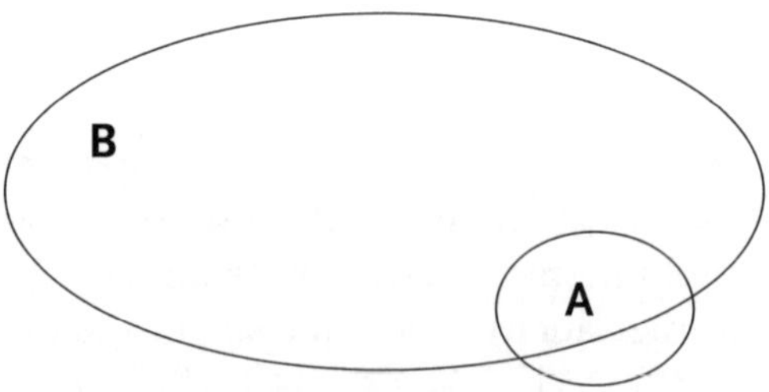

Abb. 8: Ganzes-Teil (schwache Variante)

„Flächendeckende Videoüberwachung ist ein Merkmal von Überwachungsstaaten – etwas, das wir in unserer Gesellschaft nicht haben wollen.“

Kritische Fragen – Starke Variante

1. **Hat die übergeordnete Gruppe (das „Ganze“ – B) die behauptete Eigenschaft?**
   („Ist ein Überwachungsstaat wirklich so schlimm?“)
2. **Stimmt die Eigenschaft vom Ganzen (B) und die Behauptung über das Teil (A) überein?**
   („Vielleicht sind viele Überwachungsstaaten in der Praxis nicht ideal, aber muss daher flächendeckende Videoüberwachung immer gleich falsch sein?“)
3. **Gibt es Fälle vom sogenannten „Teil“ (A) die nicht auch Fälle des „Ganzen“ (B) sind?**
   („Kommt flächendeckende Videoüberwachung nicht auch außerhalb von Überwachungsstaaten vor?“)

Tab. 9: Kritische Fragen zum Teil-Ganzes-Argument (Ganzes-Teil) – Starke Variante

Kritische Fragen – Schwache Variante

4. **Sind die relevanten (meisten, wichtigsten etc.) Elemente vom „Teil“ (A) auch Elemente vom „Ganzen“ (B)?**
   („Wird flächendeckende Videoüberwachung häufiger in Überwachungsstaaten als in freien Gesellschaften angewandt?“)
5. **Ist das sogenannte „Ganze“ (B) eine relevante Kategorie vom „Teil“ (A)?**
   („Ist es nicht eher ein Zufall, dass auch totalitäre Systeme Videoüberwachungen installieren?“)
6. **Gibt es eine relevantere Kategorie (C) vom Teil (A), deren Eigenschaft im Widerspruch zum sogenannten „Ganzen“ (B) steht? (Spiegelargument)**
   („Selbst wenn Videoüberwachung ein Zeichen eines Überwachungsstaates ist, ist es nicht vor allem auch ein Garant von täglicher Sicherheit für unbescholtene Bürger?“)

Tab. 10: Kritische Fragen zum Teil-Ganzes-Argument (Ganzes-Teil) – Schwache Variante

Teil – Ganzes

Die zweite Art des Teil-Ganzes-Arguments besteht wiederum aus unterschiedlichen Formen. Drei davon sollen im Folgenden kurz vorgestellt werden: Das induktive Beispiel, die unvollständige Induktion und die vollständige Induktion.

Induktives Beispiel

Das induktive Beispiel ist das Gegenstück zum Argument vom Ganzen auf seine Teile und zugleich das schwächste der Teil-Ganzes-Argumente. Auch hier wird davon ausgegangen, dass alle Elemente von Teil A und Elemente vom Ganzen B sind, im Gegensatz zum vorangegangenen Schema wird hier jedoch eine Eigenschaft von A auf B übertragen. Dies kann jedoch nur dann klappen, wenn A nicht irgendein beliebiger Teil von B ist, sondern wenn es in besonderem Maße repräsentativ, bedeutend oder maßgeblich ist. Andernfalls sinkt die argumentative Überzeugungskraft des induktiven Beispiels auf das Niveau einer (mehr oder weniger treffenden) Illustration oder vagen Möglichkeit.

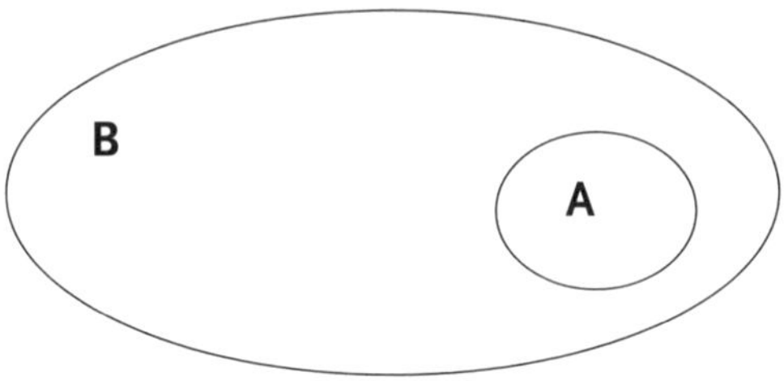

Abb. 9: Induktives Beispiel

„So schlimm können Zoos doch nicht sein, der Eisbär Knut scheint sich in seinem Heimatzoo in Berlin doch recht wohl zu fühlen."

Kritische Fragen

1. **Hat das Beispiel (A) die behauptete Eigenschaft?**
   („Wie können wir denn wissen, dass Knut sich wirklich wohl fühlt?
2. **Stimmt die Behauptung über das Ganze (B) mit der Eigenschaft des Beispiels (A) überein?"**
   („Für Knut mag der Zoo erträglich sein, aber ist er wirklich die beste Lösung, die er als Eisbär haben könnte?")

3. **Ist das Beispiel (A) ein Fall des Ganzen (B)?**
   („Lebt Knut in einem Zoo?")
4. **Ist das Beispiel (A) für das Ganze (B) repräsentativ?**
   („Selbst wenn das für die in den Zoos geborenen Publikumsmagneten wie Knut gilt, heißt das doch noch lange nicht, dass normale Tiere in Zoos so gepflegt werden, oder?")
5. **Gibt es Gegenbeispiele, die ebenfalls Teil des Ganzen sind, aber widersprechende Eigenschaften haben? (Spiegelargument)**
   („Was ist den mit den zahlreichen Berichten von wilden Tieren, die in Zoos ein kümmerliches Dasein fristen und nicht artgerecht gehalten werden?")

Tab. 11: Kritische Fragen zum Teil-Ganzes-Argument (Induktives Beispiel)

Unvollständige Induktion

Die unvollständige Induktion ist eine stärkere Variante des induktiven Beispiels. Vereinfacht gesprochen ergänzen sich hier mehrere Beispiele oder Teile, und ermöglichen so einen Schluss auf das Ganze. Wie beim induktiven Beispiel ist auch hier die argumentative Kraft der Schlussform von der geeigneten Auswahl relevanter Teile abhängig.

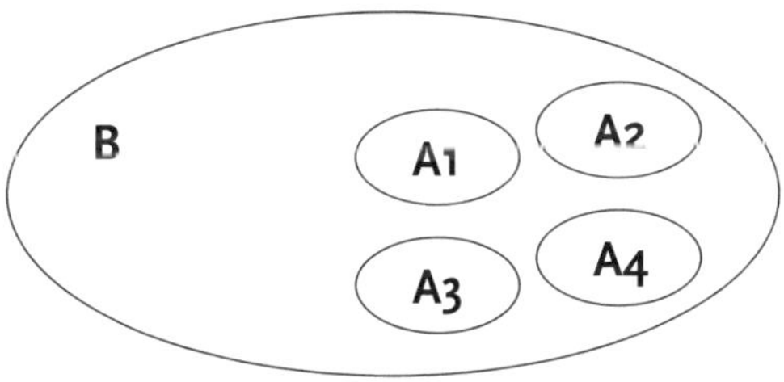

Abb. 10: Unvollständige Induktion

„Stalin, Fidel Castro, Gaddafi und Mao habe alle strenge Waffengesetze in ihren Staaten eingeführt – freier Waffenbesitz in Bürgerhand scheint für Diktaturen gefährlich zu sein."

Kritische Fragen

1. **Haben alle Teile die behauptete Eigenschaft?**
   („Haben Stalin, Fidel Castro, Gaddafi und Mao alle solche Gesetze eingeführt?")

2. **Stimmt die Behauptung über das Ganze mit der Eigenschaft der Teile überein?**
   („Bloß weil diese Diktatoren Waffengesetze verschärft haben, heißt das wirklich schon, dass liberalere Gesetze ihnen gefährlich werden könnten?")
3. **Sind die Teile für das Ganze konstitutiv? (ausreichend zahlreich, repräsentativ und wesentlich)**
   („Was sagen vier Beispiele aus der Geschichte denn über das grundsätzliche Verhältnis von Staatsform und Waffengesetzen aus?")
4. **Gibt es andere Teile des Ganzen, deren Eigenschaften im Widerspruch zu denen der herangezogenen Teil stehen? (Spiegelargument)**
   („Haben nicht auch zahlreiche vorbildliche Demokratien scharfe Waffengesetze?")

Tab. 12: Kritische Fragen zum Teil-Ganzes-Argument (unvollständige Induktion)

Vollständige Induktion

Die stärkste – aber vermutlich auch seltenste – Schlussform vom Teil aufs Ganze ist die vollständige Induktion. Bei diesem Argument werden alle Teile eines Ganzen untersucht und, falls sie eine gemeinsame Eigenschaft haben, aufs Ganze übertragen. Relevanter für das Alltagsgespräch als die seltene, logisch gültige Form der vollständigen Induktion sind vermutlich die fehlerhaften (pseudo-vollständigen) Induktionen, die nur vorgeben, die Beweiskraft zu haben. Diese lassen sich mit Hilfe der kritischen Fragen meist leicht aufdecken.

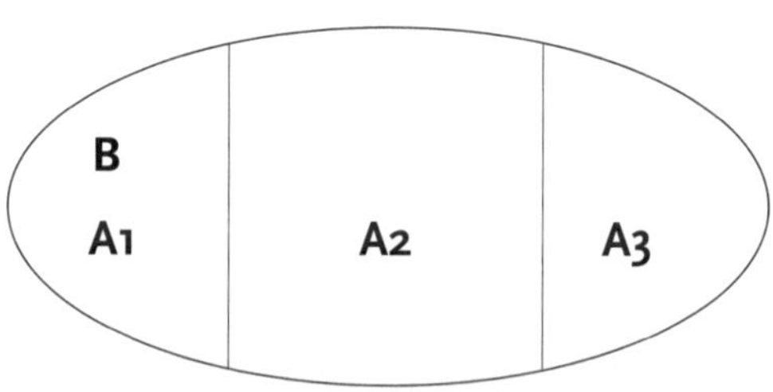

Abb. 11: Vollständige Induktion

„Von der Videoüberwachung in Innenstädten werden mögliche Täter abgeschreckt, tatsächliche Täter schneller gefasst und unbescholtene Bürger nicht belangt – also ist sie in jedem Fall gut."

Kritische Fragen

1. **Haben alle Teile die behauptete Eigenschaft?**
(„Ist nicht die Überwachung allein schon ein Schaden für alle Betroffenen?")
2. **Stimmt die Behauptung über das Ganze mit der Eigenschaft der Teile überein?**
(„Ist die Abschreckung von möglichen ‚Tätern' wirklich immer etwas Gutes – wie sieht es denn dann mit zivilem Ungehorsam und bürgerlichem Widerstand aus?")
3. **Sind die Teile vollständig?**
(„Ist dieses Schwarz und Weiß zwischen echten Straftäter und unbescholtenen Bürgern wirklich realistisch – wer hat denn nicht schon einmal ein Kavaliersdelikt verübt?")
4. **Bilden die Teile ein wesentliches Ganzes? (oder sind sie nur eine zufällige Ansammlung)**
(„Ist diese simple Trennung in Schuldige und Unschuldige für diese Diskussion überhaupt maßgeblich? Sollten wir nicht eher über Überwachende und Überwachte sprechen?")

Tab. 13: Kritische Fragen zum Teil-Ganzes-Argument (vollständige Induktion)

>> **Tipp**

Manche Alltagsargumentationen enthalten auch ineinander verschränkte Argumente: In diesem Fall können kritische Fragen aus mehr als einer Kategorie angewandt werden.

4.2.5 Kritische Fragen zum Prozess

Neben den oben vorgestellten kritischen Fragen zum einzelnen Argument gibt es noch eine weitere Gruppe: die **kritischen Fragen zum Prozess** der Argumentation. In diesen Fragen wird nicht geprüft, ob das vorliegende Argument für sich genommen intakt ist, und so Überzeugungskraft aufweist, sondern ob es auf eine **legitime Weise** produziert wurde. Die Prozessfragen sind damit grundlegender, aber meist auch schwächer, und ihre Ergebnisse weisen häufig größere Graubereiche auf.

Während es recht einfach zu bestimmen ist, was ein gutes, das heißt, schlüssiges und intaktes, Argument ausmacht, ist dies bei der Frage nach einem guten und **fairen Argumentations*prozess*** sehr viel schwieriger.

Manchmal geben Institutionen (beispielsweise Gerichte) ausdrücklich vor, welchen Regeln die Streitparteien zu gehorchen haben. Im Alltagsgespräch hängt die Wirksamkeit von kritischen Prozessfragen jedoch regelmäßig an den Erwartungen der Zuhörerschaft. Eine vollständige Liste von kritischen Prozessfragen ist daher nur in Abhängigkeit von den jeweiligen spezifischen Umständen möglich – es lassen sich jedoch ein paar Grundlagen der fairen Auseinandersetzung finden, die wohl von den meisten vernünftigen Zuhörerschaften erwartet werden. Werden diese deutlich verletzt, so ist es möglich, dass das einzelne Argument zwar intakt, aber der dahinter stehende Argumentationprozess so fragwürdig ist, dass sie möglicherweise keine (oder eine stark reduziert) bindende Wirkung für die Beteiligten entfaltet.

„Ihre Argumente mögen ja schön und gut sein – aber unter diesen Umständen spielt das für mich keine Rolle!“

Die wichtigsten Prozessfragen im Alltagsgespräch

1. **Vorbereitung:** Haben die Beteiligten Zugang zu den notwendigen Informationen und ausreichend Zeit zur Aufnahme und Vorbereitung der eigenen Argumentation?
   („Die Statistik, auf die Sie Ihre Rede stützen, ist noch unter Verschluss – wie soll ich da wissen, ob Ihre Argumentation vollständig ist?“)
2. **Zugang:** Werden die Beteiligten gehört, das heißt haben sie Zeit, Recht und Kraft sich am Argumentationsprozess zu beteiligen?
   („Ihre Argumente über das Wohl der Ureinwohner klingen so ja ganz nett, aber haben Sie sie mal gefragt, was diese eigentlich selber wollen?“)
3. **Freiheit:** Können die Beteiligten ihre Argumente vorbringen ohne befürchten zu müssen, dadurch empfindliche Nachteile zu erleiden?
   („Ist es ein Wunder, dass in diesem Parlament die Beschlüsse im überragenden Einvernehmen gefasst werden, solange alle maßgeblichen Oppositionellen bedroht oder eingesperrt werden?“)
3. **Fähigkeit:** Sind die inhaltlichen, intellektuellen und rhetorischen Fähigkeiten (grundsätzlich und zu diesem Zeitpunkt) ausreichend vergleichbar für eine faire Auseinandersetzung?
   („Ja, ja, das klingt jetzt alles ganz logisch – aber können wir uns darüber vielleicht morgen früh noch mal unterhalten, wenn ich ausgeschlafen und nüchtern bin“)

4. **Wirksamkeit:** Kann von den Beteiligten erwartet werden, dass sie souverän handeln und die Argumente ernsthaft in Betracht ziehen („Was soll ich meine Zeit denn mit einem Pressesprecher verschwenden? Sie dürfen mir ja gar nicht wirklich zuhören oder selbstständige Entscheidungen treffen!")

Tab. 14: Die wichtigsten Prozessfragen im Alltagsgespräch

4.3 Übungen

Im Alltag sind wir selten in der komfortablen Lage eine Argument schriftlich vorliegen zu haben und in Ruhe analysieren zu können. Meist werden wir spontan mit Gesprächsbeiträgen konfrontiert und müssen sofort reagieren: Zustimmen, Nachfragen, kritisch Hinterfragen oder Gegenargumente finden. Damit sich die spöttische Sentenz „Schlagfertigkeit ist das, was einem drei Tage später einfällt" nicht bewahrheitet, wird in den folgenden Übungen die Fertigkeit zur schnellen Analyse und Stehgreifkritik trainiert.

4.3.1 Argumentationstier

Lernziel: Zielsetzung dieser Übung und ihrer Varianten ist ein intensives Training der kritischen Fragen, die zu den jeweiligen Argumentationsschemata gehören. Kritische Fragen können nicht nur dazu genutzt werden, um gegnerische Argumente zu kritisieren und anzugreifen, sondern auch, um eigene Argumente systematisch zu überprüfen und gegebenenfalls an ihren Schwachstellen zu verstärken. Der erste Zweck wird stärker in der später folgenden Partnerübung fokussiert, während in dieser ersten Übung die zweite Funktion der kritischen Fragen im Vordergrund steht.

Übung

Art: Einzelübung
Aktive Teilnehmer: 1
Juroren: –
Dauer: kurz
Schwierigkeit: mittel
Material: Tabellen der Einwände, Karteikarten, Schreibzeug

Anwendung:

Variante A: Suchen Sie sich ein strittiges Thema, das Ihnen am Herzen liegt, und finden Sie mit Hilfe einer Argumentationstopik aus Kapitel 2 (siehe Kapitel 2, Seite 23) ein Pro- oder Kontraargument zu diesem Thema. Nehmen Sie sich jetzt die Liste der kritischen Fragen zum betreffenden Schema zur Hand und gehen Sie diese der Reihe nach durch. Schreiben Sie sich zu jeder abstrakten Frage eine konkrete Beispielfrage auf, die eine versiertere Gegnerin Ihnen stellen könnte. Nachdem sie diese Liste von antizipierten Fragen fertig gestellt haben, gehen Sie sie erneut durch und fügen Sie jeder Frage eine kurze Antwort beziehungsweise Entkräftung des Einwandes hinzu. Nehmen Sie sich in einem letzten Schritt Ihr ursprüngliches Argument und Ihre Antworten auf die kritischen Fragen zur Hand und bauen Sie sie zu einer komplexeren Stellungnahme zum Thema aus (siehe Kapitel 3, Seite 50). Im Ergebnis steht damit eine komplexere Argumentation für Ihre Seite, die deutlich schwerer anzugreifen ist als das ursprüngliche Argument.

Variante B: Suchen Sie sich wiederum ein strittiges Thema und ein Pro- oder Kontraargument dazu. Nehmen sie sich ein paar Karteikarten zur Hand, schreiben Sie die abstrakten kritischen Fragen zum betreffenden Schema auf die Karten (eine Frage pro Karte) und legen Sie diese bedeckt vor sich hin. Formulieren Sie Ihr ursprüngliches Argument aus und ziehen Sie dann eine der Karten. Stellen Sie die betreffende Frage auf Ihr Thema bezogen und beantworten Sie sie umgehend. Sie können diese Übung mit unterschiedlichen Argumenten aus unterschiedlichen Schemata wiederholen, bis es Ihnen leichter fällt, die jeweilige abstrakte Frage für das entsprechende Argument zu konkretisieren und zügig zu beantworten.

4.3.2 Einwandstraining

Lernziel: In dieser Partnerübung wird der Umgang mit kritischen Fragen und Einwänden weiter vertieft und die Kombination von Einwänden und Gegenargumenten trainiert. Dazu wird ein vereinfachtes Dialogschema vorgegeben, das es den beiden Partnern ermöglicht, auf einfache Art und Weise mit beiden Elementen zu arbeiten.

Übung

Art: Gruppenübung
Aktive Teilnehmer: 2
Juroren: –

Dauer: mittel
Schwierigkeit: mittel
Material: Tabellen der Einwände

Anwendung: Wählen Sie ein kontroverses Thema, zu dem Sie widersprüchliche Positionen vertreten können (zum Beispiel „Videoüberwachung sollte flächendeckend eingeführt werden"). Die Seite, die Sie übernehmen, muss nicht Ihrer eigenen Meinung entsprechen, aber Sie sollten mit den entsprechenden Argumenten für Ihre Seite grundlegend vertraut sein.

Der Protagonist stellt nun seine Position dar, und ergänzt sie um ein kurzes Argument. Die Antagonistin identifiziert das genutzte Schema des Protagonisten, wählt eine kritische Frage aus der entsprechenden Liste und erwidert mit dem entsprechenden Einwand. Sie ergänzt diesen Einwand außerdem um eine kurze Begründung. Im direkten Anschluss an Einwand und Begründung (zum Beispiel „und außerdem") legt sie ein selbstständiges kurzes Gegenargument zur These vor. Auf dieses Gegenargument antwortet der Protagonist wiederum mit Einwand + Begründung + selbstständigem Argument. Dieses Wechselspiel wird solange fortgesetzt, bis eine der beiden Seiten kein selbstständiges Argument mehr zur Verfügung hat.

Der Dialog, der im Ergbnis dieser Übung steht, stellt keine vollständige Diskussion zum Thema dar, sondern trainiert vor allem den Umgang mit Einwänden und den Anschluss an Gegenargumente. In einer Alltagsdiskussion würden die eigenen Argumente natürlich nicht sofort nach einem Einwand verworfen werden, sondern in der Regel über zahlreiche Wortwechsel lang verteidigt.

Varianten: Sie können diese Übung zunächst mit Hilfe der Tabellen zu den kritischen Fragen anwenden. Wenn Sie sich in den jeweiligen Schemata und kritischen Fragen sicher fühlen, können Sie dann in einem zweiten Schritt auf diese Hilfe verzichten.

4.3.3 Widerspruchstraining

Lernziel: In dieser Übung liegt der Fokus in besonderem Maße auf den Spiegelargumenten, die immer als letztes Element in den Listen der kritischen Fragen mit aufgenommen sind. Wenngleich diese im Alltagsgespräch vermutlich seltener sind als Einwände oder Gegenargumente, so stellen sie doch eine wichtige dritte Form der Widerlegung dar. In der komplexeren Variante B dieser Übung werden dann alle Formen der Widerlegung in Kombination trainiert.

Übung

Übungsart: Vorübung
Aktive Teilnehmer: 2
Juroren: –
Übungsdauer: mittel
Schwierigkeit: schwer
Materialien: –

Anwendung:

Variante A: Beginnen Sie, wie in der vorangegangenen Übung, indem Sie sich ein Thema wählen und die Seiten bestimmen. Der Protagonist beginnt nun abermals, indem er seine Position vorstellt und in einem kurzen Argument verteidigt. Die Antagonistin identifiziert nun das genutzte Schema und antwortet mit einem Argument des gleichen Schemas (Spiegelargument). Dies ist deutlich anspruchsvoller als eine freie Argumentation, weil die große Mehrheit der möglichen Argumente für die eigene Seite ausgeschlossen bleibt. Nach Abschluss der Argumentation der Antagonistin versucht der Protagonist ebenfalls ein neues Argument des gleichen Typs für seine Seite zu finden und vorzubringen.

Wenn einer der beiden Übungspartner (nach ausreichend Überlegung) kein weiteres Spiegelargument für seine Seite mehr finden und vorbringen kann, dann darf er das Schema wechseln und ein anderes Argument vertreten. Innerhalb dieses Schemas wird nun wiederum solange gespiegelt, bis einer der Partner erneut wechseln muss. Das Streitgespräch ist nach drei Schemawechseln beendet. Zu diesem Zeitpunkt sollten Sie ein recht breites Spektrum an unterschiedlichen Argumenten beleuchtet haben. Dazu gehören vermutlich auch etwas abwegigere Argumente, die im realen Gespräch nur bedingt nützlich wären, aber Ihren Blick für die argumentativen Optionen schärfen.

Variante B: In der fortgeschrittenen Variante arbeiten Sie abermals mit einem kontroversen Thema. Im Gegensatz zur Variante A sind Sie in Ihren Erwiderungen jedoch nicht auf Spiegelargumente beschränkt. Sie können also auf den gegnerischen Beitrag zum Thema mit Einwänden, Spiegelargumente oder Gegenargumente antworten. Die einzige Beschränkung in dieser Runde besteht darin, dass Sie nicht mit der gleichen Form antworten dürfen, das heißt kein Einwand auf Einwand, Spiegelargument auf Spiegelargument oder Gegenargument auf Gegenargument. Sie können so die gesamte Breite des Themas relativ frei bearbeiten und beenden die Übung, wenn alle wesentlichen Winkel des Themas beleuchtet sind.

Die Übung **Einwandszirkel** (im Internet zu finden unter *www.utb-mehr-wissen.de*) ist eine Ergänzung zum Argumentationstabu aus Kapitel 2 (siehe Kapitel 2, Seite 31). Sie können die dort zu einem Thema gefunden Argumente für ein Einwandstraining in der Gruppe nutzen. Ziel dieser Übung ist das Training einer zügigen Analyse von Argumenten und der Anwendung des jeweils wirksamsten Einwandes.

5. Argumentative Selbstverteidigung

5.1 Recht haben und Recht bekommen: Einleitung

Im Gegensatz zu den vorangegangenen Abschnitten, die allgemeine argumentative Techniken vorstellen, welche sich in den meisten Reden und Diskussionen nutzen lassen, konzentriert sich dieses Kapitel auf die Argumentation in einem bestimmten – wenngleich sehr häufigen – Dialogtyp: **Anklage und Verteidigung im moralischen oder juristischen Diskurs**.

Was zunächst etwas technisch klingt, ist eine Auseinandersetzung, die uns nahezu täglich begegnet: Das Streitgespräch über den nicht erledigten Abwasch, die Beschuldigung, sich an der Supermarktkasse vorgedrängelt zu haben, die Beschwerde, abends zu laut Musik zu hören, ja sogar die formale Mordanklage vor Gericht: Sie alle folgen, trotz zahlreicher inhaltlicher und formaler Unterschiede, den gleichen argumentativen Strukturen des normregierten Dialogs.

Der **normregierte Dialog** ist eine **Auseinandersetzung mit ungleichen – aber ähnlich starken – Mitteln**. Auf der einen Seite steht der **Ankläger**, der jemanden beschuldigt, eine juristische oder moralische Norm gebrochen zu haben. Als Ankläger bedient er sich dabei der Autorität und Macht eines in der Regel sehr potenten Normsystems. Ein Ankläger will nicht einfach seinen eigenen Willen durchsetzen, sondern er behauptet, im Recht zu sein, das heißt Anspruch auf Unterstützung der Gemeinschaft zu haben. Dieser systematische Vorteil wird auf Seiten der **Verteidigerin** durch eine Regel aufgewogen, die von praktisch allen juristischen und moralischen Systemen anerkannt wird: der Unschuldsvermutung.

Aus der **Unschuldsvermutung** folgt das Recht der Verteidigerin vom Ankläger einen umfassenden und **qualifizierten Nachweis ihrer Schuld** zu verlangen – oder die Beschuldigung zurückzunehmen. Eine Anklage, die diesen Nachweis nicht erbringt, ist nichts weiter als eine willkürliche Beleidigung. Gäbe es diese Unschuldsvermutung nicht, dann müssten wir uns bei jedem Schritt und mit jeder Äußerung vor der Macht von Vertretern der Moral oder des Gesetzes fürchten, die wie ein Damoklesschwert über uns schwebte. Die Tatsache, dass alle gerechten Normsysteme die Unschuldsvermutung akzeptieren, ist der Ausgangspunkt für die Verteidigung im normregierten Dialog. Die Verteidigerin kann die **qualifizierte Beweislast** des Anklägers (die aus der Unschuldsvermutung gegenüber der Verteidigerin folgt) dazu nutzen, um aus einer Reihe von argumentativen Strategien für die Verteidigung zu wählen. Ist sie nur mit einer einzigen davon erfolgreich, dann bricht die Anklage in sich zusammen.

Tipp

>> Jeder Mensch hat das Recht, eine gute Begründung für Anschuldigungen gegen ihn zu hören. Wer ohne Grund anschuldigt, beleidigt bloß und bricht damit selbst eine wichtige gesellschaftliche Regel.

Die Aufgabe des Anklägers im normregierten Dialog lässt sich mit einem Satz zusammenfassen: Er muss schlüssig nachweisen, dass die Beschuldigte mit einem Akt, den sie begangen hat und für den sie verantwortlich ist, gegen eine Norm, die sie bindet, verstoßen hat. Gelingt ihm dies nicht, dann kann er nicht vernünftigerweise die Autorität des moralischen oder juristischen Systems für sich beanspruchen, und die Beschuldigte hat als unschuldig zu gelten. Zusätzlich zu diesem Schuldnachweis ist der Ankläger auch noch dafür verantwortlich, zu zeigen, dass er kompetent handelt und dass eine Bestrafung sinnvoll ist. Aus dieser umfangreichen Beweislast des Anklägers lassen sich **zehn** so genannte **vitale Streitpunkte** ableiten, das heißt mögliche Konfliktbereiche, die im Falle eines Sieges der Verteidigung zum Gesamtsieg der Auseinandersetzung führen.

Aufgabe dieses Kapitels ist es, diese zehn Streitpunkte (gr. „staseis“ oder lat. „status“) mitsamt ihren argumentativen Heuristiken vorzustellen und zu trainieren. Freilich gibt es Fälle, in denen die Beweislast so erdrückend und die Angeklagte so offenkundig schuldig ist, dass keine Verteidigung erfolgreich sein kann (und soll). Diese Fälle sind jedoch äußerst selten. In allen anderen Situationen ist die Lehre von den Streitpunkten der ideale Ausgangspunkt für eine maximal effektive Verteidigung. Und obwohl sich dieses Kapitel aus systematischen Gründen auf die Verteidigerin konzentriert, ist ein Verständnis dieses Modells natürlich auch für die erfolgreiche Anklage und die gerechte Beurteilung von entsprechenden Streitgesprächen sehr nützlich.

Die folgende alltägliche Situation soll als **Beispielfall** zur Illustration der zehn Streitpunkte dienen. Grundsätzlich kommt zwar für jeden Fall jeder Streitpunkt in Frage, in der Praxis scheiden jedoch eine Reihe von Streitpunkten schnell aus, weil sie jeweils wenig ergiebig sind. Daher enthält unser Beispiel drei verschiedene Beschuldigungen, die unterschiedliche Aspekte der Streitpunkte optimal beschreiben und sich so ergänzen:

Christian und Caro sind seit drei Jahren ein Paar und führen eine weitgehend glückliche Beziehung. Natürlich kracht es ab und an einmal, aber insgesamt wirken die beiden wie für einander geschaffen und planen daher auch gerade, sich gemeinsam eine Wohnung zu suchen und zusammenzuziehen. Obwohl das Paar die meisten Abende zusammen verbringt, haben sie es sich angewöhnt, mindestens einmal im Monat getrennt voneinander mit ihren jeweiligen Freunden auszugehen. Christians letzter Männerabend war die ausgelassene Abschlussparty seines besten Schulfreunds Markus, und zur Feier des Tages floss reichlich Alkohol. Gegen Ende des Abends war Christian so betrunken, dass er wild auf den Tischen tanzte und dann in den Armen einer Bekannten landete. Es kam zu einer kurzen Knutscherei, bevor Christian sich besann und betrunken auf den Weg nach Hause machte und sich für seinen Aufzug bei Caro entschuldigt. Die Küsse jedoch verschwieg er. Über Umwege erreicht die Geschichte von der wilden Party auch Christians zwölfjährigen Bruder Fritz, der bei nächster Gelegenheit Caro von den Küssen erzählt. Diese stellt Christian zur Rede, gibt ihm aber gar nicht erst die Möglichkeit auszureden, sondern lässt ihre ganze Wut an ihm aus und verpasst ihm eine kräftige Ohrfeige. Ein paar Tage später ist Zeit für Aussprachen:

Fall I: Caro beschuldigt Christian, sie betrogen zu haben.

Fall II: Markus beschuldigt Caro, Christian geschlagen zu haben.

Fall III: Christian beschuldigt Fritz, ihn verraten zu haben.

5.2 Das Menü der Verteidigerin: Die Streitpunkte

Im Nachfolgenden werden nur die **zehn Streitpunkte** behandelt, die für die Verteidigung vital sind, das heißt die im Erfolgsfall zum Gesamterfolg der Verteidigerin führen. Darüber hinaus gibt es eine Reihe weiterer Streitpunkte, die sich mit vorbereitenden Fragen oder Strafminderung befassen, und die aus diesem Grunde hier nur gestreift werden.

Grundsätzlich kann die Verteidigung eine beliebige Anzahl von Streitpunkten in beliebiger Reihenfolge heranziehen, praktisch sind der Anzahl und Anordnung jedoch gewissen Grenzen gesetzt: So sollten zum einen nur solche Streitpunkte genutzt werden, die im jeweiligen Fall auch eine gewisse **Aussicht auf Erfolg** aufweisen. Denn wenn aus argumentativer Sicht der Verlust eines einzelnen Streitpunktes auch keine negativen Folgen für die weiteren Streitpunkte hat, so leidet die Glaubwürdigkeit der Verteidigerin doch schnell, wenn zu viele hoffnungslose Verteidigungsversuche unternommen wurden. Zum anderen gibt es eine gewisse **natürliche Abfolge** von vier Gruppen von Streitpunkten, die jeweils leicht unterschiedliche Ziele verfolgen und die entsprechend nacheinander vorgestellt werden: Zunächst (A), der **Kompetenzstreitpunkt**, dann (B), die **Existenzstreitpunkte**, gefolgt von (C), den **Verbindungsstreitpunkten**, und schließlich (D), dem **Streitpunkt zum Strafinteresse**.

Aus der oben vorgestellten Beweislast des Anklägers lassen sich die in der folgenden Übersicht dargestellten Streitpunkte unmittelbar ableiten.

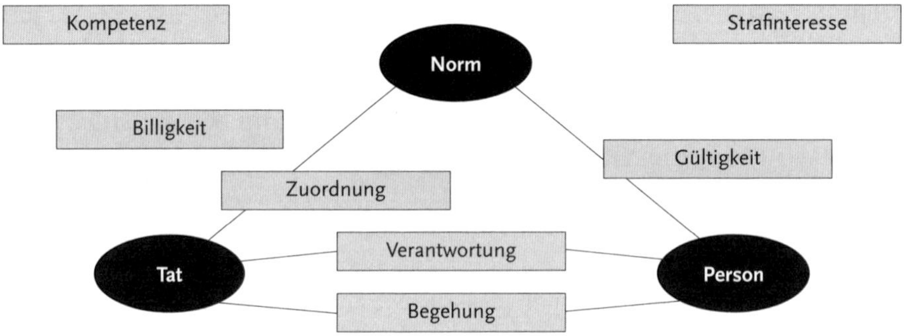

Abb. 12: Übersicht über die Verteidigungsstrategien

Da der Ankläger schlüssig nachweisen muss, dass „die Beschuldigte mit einem Akt, den sie begangen hat und für den sie verantwortlich ist, gegen eine Norm verstoßen hat, die sie bindet" und zudem seine Kompetenz und der Sinn der Sanktion zur Debatte stehen, lassen sich folgende Beweislasten für ihn unterscheiden, welche die Verteidigerin angreifen kann:

Übersicht der Streitpunkte

1. **Kompetenz**
   Er muss davon ausgehen, dass das Verfahren des Streitgesprächs den fairen Grundlagen entspricht und Anklage und Richter kompetent handeln können.

2. **Normexistenz und -beschaffenheit**
   Er muss zeigen, dass es eine moralische oder juristische Norm gibt, gegen die verstoßen werden konnte.
3. **Tatexistenz und -beschaffenheit**
   Er muss zeigen, dass eine Tat begangen wurde, die dazu geeignet ist, gegen eine Norm zu verstoßen.
4. **Personenexistenz und -beschaffenheit**
   Er muss zeigen, dass es eine Person gibt, die grundsätzlich verantwortlich handelt und von einem Normsystem angesprochen werden kann.
5. **Zuordnung**
   Er muss zeigen, dass die Tat gegen die Norm verstoßen hat.
6. **Billigkeit**
   Er muss davon ausgehen, dass die Tat nicht von einem mindestens gleichwertigen Normsystem erlaubt oder vorgeschrieben wurde.
7. **Gültigkeit**
   Er muss zeigen, dass die Person von der Norm gebunden wurde.
8. **Täterschaft**
   Er muss zeigen, dass die Person die Tat überhaupt begangen hat.
9. **Verantwortung**
   Er muss zeigen, dass die Person für die Begehung der Tat verantwortlich ist.
10. **Strafinteresse**
    Er muss davon ausgehen, dass keine übergeordneten Interessen einer Bestrafung entgegenstehen.

Tab. 15: Übersicht der Streitpunkte

Jeder dieser vitalen Streitpunkte ist ein Ansatzpunkt für die Verteidigung. Ziel der Verteidigerin ist es dabei, jeweils zu zeigen, dass der Ankläger seinen Pflichten nicht nachkommt und sein Anliegen daher nicht gerechtfertigt ist. Jeder dieser Streitpunkte ist damit ein potentieller Konfliktbereich, in dem eine argumentative Auseinandersetzung zwischen Ankläger und Verteidigerin geführt werden kann. Diese Auseinandersetzungen sind weitgehend gleichberechtigt, wenngleich auch auf dieser Ebene der Ankläger eine höhere Beweislast trägt. Der wesentliche **systematische Vorteil der Verteidigerin** liegt jedoch darin, dass sie – um es in einer Sportmetapher auszudrücken – zehn Matchbälle hat, von denen sie nur einen verwandeln muss.

Tipp

>> Nicht jeder mögliche Streitpunkt ist auch ein guter Ansatz für die Verteidigung. Wie bei den kritischen Fragen gilt auch hier die Maxime der sorgfältigen Auswahl, um die eigene Glaubwürdigkeit nicht zu gefährden.

Für jeden dieser Streitpunkte gibt es eine **separate Topik**, das heißt ein Suchmuster, um mögliche Argumente für die eigene Seite zu finden. Diese Topiken sind systematisch meist nicht vollständig, stellen aber eine sehr wichtige und praktische Hilfe um erfolgreich zu argumentieren dar. Im Folgenden werden die Streitpunkte kurz vorgestellt, ihre jeweilige Topik skizziert und mit Beispielen aus unserem Musterfall erläutert. Ein Verständnis dieses Modells von Streitpunkten und ihrer jeweiligen Topiken ist die wichtigste Voraussetzung für eine erfolgreiche Argumentation in Anklage und Verteidigung.

5.2.1 1. Streitpunkt: Kompetenz

Fall II: „Das geht dich gar nichts an, Markus. Das ist eine Beziehungssache zwischen Christian und mir."

Fall III: „Es ist doch ganz egal, was ich dazu sage, du hältst mich doch sowieso für deinen bescheuerten Bruder, dem alles zuzutrauen ist."

Beim Kompetenzstreitpunkt wird geprüft, ob die Voraussetzungen für ein **faires Verfahren** gegeben sind. Dies klingt zunächst nach einem rein juristischen Problem, ist aber bei moralischen Anschuldigungen ebenso wichtig. Auch hier müssen grundlegende Prinzipien der Fairness eingehalten werden, um eine vernünftige Überprüfung der Beschuldigung zu ermöglichen. Der wichtigste Unterschied zwischen dem Kompetenzstreitpunkt und den folgenden acht Streitpunkten besteht darin, dass hier nicht geprüft wird, ob die Beschuldigte schuldig ist, sondern ob sie sich überhaupt verteidigen muss. Er ist damit den anderen systematisch vorgelagert und hat häufig nur eine aufschiebende Wirkung.

Topik – Kompetenz

A. **Ankläger**
Hat der Ankläger das Recht und die Kompetenz zu beschuldigen?

B. **Zuhörerschaft**
Ist die richtige Zuhörerschaft – und nur diese – anwesend, aufmerksam, kompetent und nicht unangemessen voreingenommen oder selbst betroffen?

C. **Zeitpunkt**
Wird die Beschuldigung zum richtigen Zeitpunkt und nicht zu früh oder zu spät erhoben?

D. **Ort**
Findet die Beschuldigung am richtigen Ort oder in der richtigen Institution statt?

E. **Art und Weise**
Hat die Verteidigung ausreichende Möglichkeit, Informationen zu beschaffen und gehört zu werden?

Tab. 16: Topik zur Kompetenz

5.2.2 2. Streitpunkt: Normexistenz und -beschaffenheit

Fall I: „Fremdgehen? Komm Caro, sei nicht so bürgerlich. Wer sich aufrichtig liebt, braucht diese überkommenen Regeln nicht."

Fall II: „Na und? Dann habe ich ihn eben geschlagen. Solange niemandem etwas Ernsthaftes passiert, ist doch nichts dabei."

Die Existenzstreitpunkte prüfen die Eckpfeiler der Beschuldigung. Im Fall der Norm ist dies die Frage, ob das **Gebot oder Verbot**, das für die Anklage herangezogen wird, auch tatsächlich **existiert**. Bei juristischen Beschuldigungen ist dies häufig recht trivial – ein Blick in das entsprechende Gesetzbuch genügt – aber in überwiegend nichtschriftlichen Systemen aus Moral und Religion ist die Frage nach der Normexistenz oft komplexer und gegebenenfalls entscheidend.

Topik – Normexistenz

A. **Schriftform**
Liegt die Norm schriftlich vor?

B. **Zeugnis**
Verweisen glaubhafte Autoritäten auf die Norm?

C. **Analogie**
Passt die Norm zu anderen bekannten Normen im System?

D. **Zielsetzung**
Ist die Norm für das übergeordnete Ziel des Normsystems notwendig?

E. **Exempel**
Ist die Norm in anderen Fällen zweifellos zur Anwendung gekommen?

Tab. 17: Topik – Normexistenz

Die mit den Existenzstreitpunkten einhergehenden Beschaffenheitsstreitpunkte sind nicht eigenständig vital, das heißt, sie haben nur vorbereitenden Charakter und bieten eine Hilfestellung für die spätere Verteidigung in einem der Verbindungsstreitpunkte (Nr. 5-9).

Topik – Normbeschaffenheit

A. **Zweck**
Zum Schutz welchen Wertes ist die Norm notwendig; kann dieser Zweck auch anders erfüllt werden?

B. **Systematik**
An welchem Ort im Normsystem steht die Norm?

C. **Wortlaut**
Was besagt der Wortlaut der Norm genau; gibt es Ausnahmen oder Doppeldeutigkeiten?

D. **Historie**
Von wem und mit welchem Grund ist die Norm geschaffen worden?

E. **Vergleich**
Gibt es ähnliche Normen in vergleichbaren Systemen?

F. **Konsistenz**
Gibt es (möglicherweise oder in bestimmten Fällen) widersprechende Normen im System?

Tab. 18: Topik – Normbeschaffenheit

5.2.3 3. Streitpunkt: Tatexistenz und -beschaffenheit

Fall I: „Ich habe keine Ahnung, was du meinst. Das Mädel, von dem du sprichst, war überhaupt nicht auf der Party."

Fall II: „Ist es das, was dir Christian zu seinem blauen Auge gesagt hat? Mann, er war mal wieder betrunken und ist gegen einen Küchenschrank gelaufen. Vermutlich war ihm das zu peinlich, um es dir zu erklären."

Ohne Tat kein Täter. Die Kernfrage dieses Streitpunktes besteht darin, ob überhaupt **irgendjemand** eine entsprechende **Tat begangen** hat. Kann dies nicht schlüssig belegt werden, dann folgt daraus unmittelbar auch die Unschuld des Angeklagten.

Topik – Tatexistenz

A. **Möglichkeit**
Konnte die Tat unter den gegebenen Bedingungen überhaupt stattfinden?

B. **Indizien**
Wie glaubwürdig sind die direkten Indizien und Zeugnisse, dass die Tat stattgefunden hat?

C. **Effekte**
Welche notwendigen Effekte müssten vorliegen, falls die Tat stattgefunden hätte?

D. **Alternativen**
Welche anderen Ereignisse würden die vorliegenden Effekte erklären?

Tab. 19: Topik – Tatexistenz

Topik – Tatbeschaffenheit

A. **Konsequenzen**
Welcher Schaden oder Nutzen erwächst wem aus der Tat?

B. **Körper**
Welche körperlichen Fähigkeiten sind zur Begehung der Tat notwendig?

C. **Geist**
Welche intellektuellen Fähigkeiten sind zur Begehung der Tat notwendig?

D. Moral
Welche moralische Beschaffenheit ist zur Begehung der Tat notwendig?

Tab. 20: Topik – Tatbeschaffenheit

5.2.4 4. Streitpunkt: Personenexistenz und -beschaffenheit

Fall III: (Existenz) „Ich verstehe überhaupt nicht, was du von mir willst. Ich bin doch noch ein Kind."

Fall I (Beschaffenheit): „Mal ehrlich, Caro, ich bin doch immer aufrichtig gewesen. Erinnerst du dich an eine einzige Situation, in der ich dich schon einmal belogen habe?"

Dieser Streitpunkt ist in der Regel der schwächste der hier vorgestellten Streitpunkte. Kommt es zu einer Beschuldigung, dann hat der Ankläger in der Regel bereits sichergestellt, dass es auch eine beschuldigte Person gibt. In manchen Fällen lohnt es dennoch zu prüfen, ob es sich dabei wirklich um einen **Akteur** handelt, der grundsätzlich **verantwortlich** sein kann und zur **Rechenschaft fähig** ist. Dies kann zum Beispiel im Fall von unmündigen Personen fraglich sein.

Topik – Personenexistenz

A. Person
Ist die Beschuldigte ein grundsätzlich verantwortlicher Mensch (im Gegensatz zu Tieren, Institutionen, höherer Gewalt etc.)?

B. Mündigkeit
Ist die beschuldigte Person grundsätzlich zur Einsicht in ihre Taten fähig?

Tab. 21: Topik – Personenexistenz

Topik – Personenbeschaffenheit

A. Fähigkeiten
Welche körperlichen und geistigen Fähigkeiten hat die Beschuldigte?

B. Vorleben
Hat die Beschuldigte besondere Leistungen erbracht oder bereits früher Verfehlungen begangen?

C. **Interessen**
Welche relevanten Motive und Interessen verfolgt die Beschuldigte?

D. **Soziale Stellung**
In welcher (möglicherweise normrelevanten) Position ist die Beschuldigte?

Tab. 22: Topik – Personenbeschaffenheit

5.2.5 5. Streitpunkt: Zuordnung

Fall I: „Hör mal, Caro, ein bisschen Fremdknutschen ist doch noch kein Betrügen. Es tut mir ja auch leid, aber ich finde, dass du auch ein bisschen übertreibst."

Fall III: „Dich verraten? Ich habe nur die Wahrheit gesagt. Seit wann kann die Wahrheit denn ein Verstoß gegen brüderliche Loyalität sein?"

Auf eine simple Formel gebracht: Stimmen die Beschreibung der Tat, die begangen wurde, und die Beschreibung der Tat, die von der Norm verboten wurde, überein? Da Verbote oder Gebote in der Regel recht abstrakt formuliert werden, um alle wichtigen Fälle abzudecken, ist eine **Zuordnung realer Vorkommnisse zu abstrakten Regeln** nicht immer leicht. Genau diese Zuordnung muss der Ankläger aber schlüssig nachweisen, damit er die entsprechenden Regeln heranziehen kann.

Topik – Zuordnung

A. **Definition**
Sind alle notwendigen Bedingungen der Norm durch die Tat erfüllt?

B. **Zweck**
Verletzt die Tat den Schutzzweck der Norm?

C. **Rechtfertigung**
Wird die Tat durch eine andere, mindestens gleichwertige Norm desselben Normsystems erlaubt oder geboten?

Tab. 23: Topik – Zuordnung

5.2.6 6. Streitpunkt: Billigkeit

Fall II: „Es mag zwar moralisch nicht ganz okay sein, meinen Freund zu schlagen. Aber in der Bibel steht, dass man Ehebrecher steinigen soll –

Gott will also dass man mit solchen Taten nicht ungeschoren davonkommt.“

Fall III: „Ich würde dir ja loyal beistehen, aber ich kann Caro einfach nicht belügen. Das ist falsch.“

Dieser Streitpunkt ist mit der Zuordnung eng verwandt, unterscheidet sich aber darin, dass hier nicht geprüft wird, ob die Tat das herangezogenen Normsystem verletzt, sondern ob es noch ein **anderes System** gibt, das die Tat erlaubt oder vielleicht gar vorschreibt. Dies ist bei moralischen oder religiösen **Dilemmata** regelmäßig der Fall. Im Streitpunkt der Billigkeit kehren sich die Rollen von Ankläger und Verteidigerin daher inhaltlich gewissermaßen um.

Topik – Billigkeit

A. **Konflikt**
Wird die Tat durch eine Norm aus einem anderen System (Gesetz, Moral, Religion) erlaubt oder geboten?

B. **Hierarchie**
Ist das andere System dem vorliegenden System mindestens ebenbürtig?

C. **Alternativen**
Lässt sich der Normkonflikt erkennbar vermeiden?

D. **Konsequenzen**
Welche Konsequenzen wären aus dem Bruch des anderen Normsystems erwachsen?

Tab. 24: Topik – Billigkeit

5.2.7 7. Streitpunkt: Gültigkeit

Fall I: „Ich weiß ja, dass dir Monogamie wichtig ist, Caro. Aber ich habe nie behauptet, dass ich da auch dran glaube. Ich finde, das Leben ist zu kurz für solche Vorschriften.“

Fall III: „Brüderliche Loyalität? So ein Quatsch. So ein Bruder wie du verdient keine Sonderbehandlung.“

Eine Person kann nur dann für einen Regelverstoß bestraft werden, wenn diese Regel für sie überhaupt gilt. Auch dieser Streitpunkt ist in juristischen Fragen häufig recht trivial. In moralischen oder religiösen Streitfällen hingegen ist es durchaus entscheidend, ob für die

Beschuldigten die **Normen überhaupt gelten**, die der Ankläger heranzieht.

Topik – Gültigkeit

A. **Gruppe**
Gehört die Beschuldigte zu den vom Normsystem grundsätzlich gebundenen Personen?

B. **Ort**
War das Normsystem am Tatort gültig?

C. **Zeit**
War das Normsystem zum Tatzeitpunkt gültig?

D. **Qualifikationen**
Gehört die Person zu einem gegebenenfalls in der Einzelnorm spezifizieren Personenkreis (Amtsträger, Garanten, Freunde, Familie etc.)?

Tab. 25: Topik – Gültigkeit

5.2.8 8. Streitpunkt: Täterschaft

Fall I: „Ich sie geküsst? Auf keinen Fall. Vielleicht hat mich jemand verwechselt. Es war ja schließlich ziemlich dunkel und laut da."

Fall III: „Ich weiß nicht, woher Caro das erfahren hat, aber von mir hat sie es sicher nicht."

Der Streitpunkt der Täterschaft ist die offensichtlichste Möglichkeit der Verteidigung. Falls die Beschuldigte die Tat schlechterdings **körperlich nicht begangen** hat, das heißt zum Beispiel zum Tatzeitpunkt an einem anderen Ort war, dann fällt die Anschuldigung sofort in sich zusammen.

Topik – Täterschaft

A. **Indizien**
Sind die Indizien oder Zeugnisse, welche die Täterschaft belegen, glaubwürdig?

B. **Alibi**
Sprechen andere Indizien dagegen, dass die Beschuldigte die Tat begangen hat?

C. Fähigkeiten
Hatte die Beschuldigte zum Tatzeitpunkt die körperlichen und geistigen Mittel, die Tat zu begehen?

D. Motivation
Hatte die Beschuldigte zum Tatzeitpunkt ein Motiv, die Tat zu begehen?

E. Verbergung
Konnte die Beschuldigte zum Tatzeitpunkt davon ausgehen, dass sie die Tat verbergen könnte oder einer Strafe anderweitig entgehen würde?

F. Verhalten
Entsprechen die Aussagen und das Verhalten der Beschuldigten vor, während und nach der Tat dem zu erwartenden Verhalten des Täters?

G. Kausalität
War eine mögliche Handlung der Beschuldigten tatsächlich notwendig und hinreichend für den Taterfolg und hat sie ein unerlaubtes Risiko geschaffen?

Tab. 26: Tabelle – Täterschaft

5.2.9 9. Streitpunkt: Verantwortung

Fall I: „Du, ganz ehrlich, ich habe gar keine Erinnerungen mehr an den Abend. Ich war so betrunken. Es war doch Markus großer Tag. Falls ich irgendetwas gemacht habe, dann sicher nicht absichtlich."

Fall II: „Ja, ich habe ihm eine gescheuert. Er hat mich betrogen. Das ist doch nicht meine Schuld, dass er mir so etwas antut: Ich kann mich da einfach nicht kontrollieren!"

Neben der körperlichen Verbindung, das heißt dem physischen Begehen der Tat, wird in allen modernen Normsystemen immer auch ein gewisses Maß an **Wissen und Willen des Beschuldigten** vorausgesetzt. So würde offensichtlich niemand einen Schlafwandler für unbewusste Taten verurteilen wollen. Aber auch unter weniger gravierenden Umständen ist ein Nachweis von Defiziten in Kenntnis oder Motivation beziehungsweise ein Hinweis auf besondere Umstände des Angeklagten ein wichtiger Ansatz für die Verteidigung.

Topik – Verantwortung

A. Wissen
Wusste die Beschuldigte, was sie tat, oder hätte sie es wissen müssen?

B. Wille
Hat die Beschuldigte die Tat freiwillig begangen oder wurde sie körperlich und/oder geistig gezwungen?

C. Verbotsirrtum
Konnte von der Beschuldigten erwartet werden, zu wissen, dass ihre Tat gegen eine bindende Norm verstieß?

D. Notstand
Gab es extreme Umstände, die ein normwidriges Verhalten entschuldigen?

E. Verjährung
Ist die Beschuldigte noch dieselbe, die die Tat begangen hat, oder gab es gravierende mentale Veränderungen, oder liegt eine lange Zeitspanne zwischen Tat und Beschuldigung?

F. Auslöser
Haben andere derart in das Umfeld der Beschuldigten eingegriffen, dass ihnen die Schuld zuzuweisen ist?

Tab. 27: Topik – Verantwortung

5.2.10 10. Streitpunkt: Strafinteresse

Fall I: „Ja, ich weiß, ich hätte das nicht tun sollen, und es tut mir wirklich leid. Bitte halte es mir nicht mehr vor, ich war doch immer für dich da, und ich verspreche, dass so etwas nie wieder vorkommt."

Fall III: „Ja, du hast Recht, es war nicht ganz in Ordnung, dass ich ihr das erzählt habe. Ich schlage dir einen Deal vor: Du hältst mir die Sache nicht mehr vor, und ich sage unseren Eltern nicht, dass du Caro betrogen hast."

Der Streitpunkt des Strafinteresses stellt gewissermaßen das Gegenstück zum Kompetenzstreitpunkt dar. Auch hier wird nicht gefragt, ob die Angeklagte schuldig ist, sondern es wird geprüft, ob es selbst bei bestehender Schuld vielleicht **wichtige Gründe gegen die Bestrafung** gibt. In moralischen Streitfällen besteht diese Bestrafung häufig nur aus einer sozialen Missbilligung, aber auch diese lässt sich unter Umständen mit dem Hinweis auf Strafzwecke oder **übergeordnete Interessen** abwenden.

Topik – Strafinteresse

A. **Spezialprävention**
Ist eine Bestrafung notwendig oder geeignet, die Beschuldigte von weiteren Verstößen abzuhalten?

B. **Generalprävention**
Ist eine Bestrafung notwendig oder geeignet, andere von vergleichbaren Verstößen abzuhalten und die Norm zu erhalten?

C. **Vergeltung**
Ist eine Bestrafung sinnvoll, um Gerechtigkeit oder einen Ausgleich gegenüber den Geschädigten zu schaffen?

D. **Reintegration**
Ist eine Bestrafung notwendig oder geeignet, um die Beschuldigte zu erziehen und in die Gemeinschaft wieder einzugliedern?

E. **Opportunität**
Gibt es übergeordnete soziale oder politische Interessen, denen durch eine Bestrafung geschadet würde?

Tab. 28: Topik – Strafinteresse

5.3 Übungen

Wie im vorangegangenen Kapitel kommt es auch hier darauf an, dass Sie die Methoden der Verteidigung nicht nur theoretisch verstehen und in Ruhe analytisch anwenden können, sondern dass Sie sie im Streitfall spontan abrufbereit haben. Diese schnelle Einsatzbereitschaft wird in den folgenden Übungen trainiert.

5.3.1 Streitpunktanalyse

Lernziel: Mit Hilfe dieser Übung können Sie sich mit den vitalen Streitpunkten vertraut machen und diese auf einen fiktiven Fall anwenden. Dieses Training erlaubt es Ihnen, in realen Fällen schneller die maßgeblichen Streitfragen zu erkennen und – falls Sie selbst beschuldigt werden oder jemandem als Verteidiger beistehen – effektiv die optimalen Streitpunkte für die Verteidigung auszuwählen.

Übung

Art: Einzelübung
Aktiver Teilnehmer: 1
Juroren: –
Dauer: kurz
Schwierigkeit: mittel
Material: Streitfall (zu finden im Internet unter *www.utb-mehr-wissen.de*)

Anwendung: Nehmen Sie sich einen fiktiven Streitfall zur Hand und versuchen Sie alle möglichen vitalen Streitpunkte zu identifizieren. Geeignete Fälle finden Sie unter *www.utb-mehr-wissen.de*. Weitere Fälle stehen zudem im „Trainingsbuch Rhetorik" und auf der Website des Vereins „Streitkultur" www.streitkultur.net zur Verfügung. Sie sind dort als „Deklamationsfälle" gelistet. Lesen Sie den entsprechenden Fall aufmerksam durch und gehen Sie dann die Liste der zehn Streitpunkte der Reihenfolge nach durch. Notieren Sie, welche Verteidigungsmöglichkeiten die Beschuldigte jeweils nutzen könnte. In jedem der Streitpunkte informiert die entsprechende Topik über argumentative Möglichkeiten.

In vielen Fällen ist die Verteidigung in der Mehrheit der Streitpunkte wenig aussichtsreich – versuchen Sie trotzdem herauszufinden, welches ein möglicher Ansatzpunkt wäre. Nachdem Sie Ihre Liste vervollständigt haben, ordnen Sie die Streitpunkte nach Ihrer jeweiligen Aussicht auf Erfolg. In der realen Verteidigung könnten Sie nun mit der Ausarbeitung der Argumentation innerhalb der zwei oder drei aussichtsreichsten Streitpunkte beginnen. Sie können diese Übung zur Vertiefung mit weiteren Streitfällen wiederholen.

5.3.2 Streitpunktdialog

Lernziel: Diese Übung schließt an die vorangegangene an und trainiert ebenfalls das grundlegende Verständnis der Streitpunkte und ihre Anwendung auf den konkreten Fall. Der Vorteil dieser Partnerübung ist, dass die ausgewählten Streitpunkte auch argumentativ belegt und vorgetragen werden können.

Übung

Art: Gruppenübung
Aktive Teilnehmer: 2
Juroren: –
Dauer: mittel
Schwierigkeit: mittel
Material: Streitfall (zu finden im Internet *www.utb-mehr-wissen.de*), Sand- oder Stoppuhr

Anwendung: Wählen Sie sich wiederum einen Streitfall aus den zur Verfügung stehenden Deklamationen aus. Danach bestimmen Sie, welcher der beiden Teilnehmer die Anklage und wer die Verteidigung übernimmt. Machen Sie sich nun mit dem Fall detailliert vertraut und gehen Sie aus Ihrer jeweiligen Perspektive in Ruhe die Streitpunkte durch. Nachdem diese Vorbereitungsphase von ein paar Minuten abgeschlossen ist, setzen Sie sich Ihrem Trainingspartner gegenüber und beginnen mit dem Streitgespräch. Der Ankläger eröffnet die Diskussion, indem er kurz darstellt, gegen welche Norm der Beschuldigte verstoßen hat und warum er dafür zur Rechenschaft zu ziehen ist. Danach wählt die Verteidigerin einen Streitpunkt aus, benennt ihn und hält ein kurzes Plädoyer gegen die Bestrafung. Als nächstes antwortet der Ankläger kurz auf diese Verteidigung und versucht seinen Fall aufrecht zu erhalten. Daraufhin wählt die Verteidigerin einen anderen Streitpunkt, benennt ihn und greift abermals die Anklage an. Setzen Sie diesen Redewechsel fort, bis die Verteidigerin keinen neuen geeigneten Streitpunkt mehr findet. Versuchen Sie dabei, so viele Streitpunkte wie möglich durchzugehen, und vermeiden Sie ein Verharren bei einem Streitpunkt oder die Wiederholung bereits genannter Aspekte. Die einzelnen Redebeiträge sollten nicht länger als eine Minute dauern. Schwerpunkt dieser Übung ist nicht die gewinnende und detaillierte Argumentation in den einzelnen Streitpunkten, sondern eine spielerische Übersicht über das gesamte System. Auch diese Übung können Sie nach Interesse mit anderen Fällen wiederholen.

5.3.3 Streitpunkttabu

Lernziel: Diese Übung baut abermals auf der vorangegangenen Übung – dem Streitpunktdialog – auf und setzt das Training unter erschwerten Bedingungen für die Verteidigerin fort. Zielsetzung der Übung ist die

Sensibilisierung von Verteidigungsmöglichkeiten in Streitpunkten, die auf den ersten Blick weniger Erfolg versprechend aussehen.

Übung

Art: Gruppenübung
Aktive Teilnehmer: 2
Juroren: 1+
Dauer: mittel
Schwierigkeit: mittel
Material: Streitfall (*www.utb-mehr-wissen.de*), Übersichtstabellen (Streitpunkte und Topik), Sand- oder Stoppuhr

Anwendung: Beginnen Sie wie in der vorangegangenen Übung damit, dass Sie sich einen Streitfall wählen, die Positionen von Ankläger und Verteidiger zuordnen und sich mit den Details des Falls vertraut machen. In der Vorbereitungszeit und auch während der Übung stehen in diesem Fall nur der Verteidigerin die Übersichtstabellen (Streitpunkte und Topiken) zur Verfügung, der Ankläger muss sich auf seine Erinnerung verlassen.

Nach der Vorbereitungszeit darf der Ankläger einen Streitpunkt tabuisieren, das heißt einen möglichen Konfliktbereich für die Verteidigung sperren. Beide Seiten erhalten daraufhin ein paar Minuten Zeit, um eine kurze Anklage- und Verteidigungsargumentation vorzubereiten. Nach Ende dieser zweiten Vorbereitungsphase erhält der Ankläger drei Minuten ununterbrochene Redezeit, in denen er den Zuhörern darlegen kann, warum die Tat der Beschuldigten zu verurteilen ist. Im Anschluss daran darf die Verteidigerin drei Minuten lang darlegen, warum eine Verurteilung falsch wäre. In dieser kurzen Verteidigungsrede darf sie die vom Ankläger gesperrte Verteidigungsstrategie nicht nutzen.

Am Ende beider kurzen Reden entscheidet das Publikum mehrheitlich darüber, welcher der beiden Redner sie mehr überzeugt hat beziehungsweise ob sie die Angeklagte im Fall schuldig sprechen. Falls die Mehrheit der Zuhörer der Meinung ist, dass die Verteidigerin das Tabu des Anklägers verletzt hat, dann geht der Sieg automatisch an den Ankläger.

Variante: Sie können diese Übung mit weiteren Fällen wiederholen und dem Ankläger das Recht zusprechen, mehr als einen Streitpunkt zu sperren. Je mehr Streitpunkte der Ankläger sperren darf, umso schwieriger ist die Übung für die Verteidigerin. In manchen Fällen ist eine Verteidigung bei mehr als zwei oder drei gesperrten Streitpunkten sogar kaum mehr möglich.

Die Übung **Minideklamation** (im Internet zu finden unter *www.utb-mehr-wissen.de*) ist eine etwas komplexere Partnerübung, in der der Umgang mit Auswahl und Darstellung von Streitpunkten vertieft trainiert wird. Zielsetzung dieser Übung ist die Abrundung der Kompetenzen in der Analyse eines vorliegenden Falls und der strategischen Auswahl von Erfolg versprechenden Streitpunkten. Sie hat zudem einen deutlich spielerischeren Charakter, der sich gut für wiederholtes Training oder kleine Wettstreite eignet.

5.4 Ausblick

Die vorangegangenen Übungen sollten Ihnen eine solide Grundlage für Fallanalysen und Argumentationsstrategien in moralischen Streitgesprächen gegeben haben. Diese Grundlagen sind sehr wertvoll, um im Alltagsgespräch schnell die entsprechenden Strategien und Muster abrufen zu können und entsprechend effektiver und erfolgreicher zu argumentieren.

Natürlich haben diese Grundlagenübungen aber auch ihre Grenzen. Wenn Sie auf dieser Basis aber weiter aufbauen und die entsprechende Argumentation auch mit anderen rhetorischen Fähigkeiten ergänzen wollen, dann können Sie dies mit Hilfe komplexerer Trainingsformen – allen voran der modernen Deklamation – tun. Eine Einführung in die Deklamation, hilfreiche Materialien und spannende Deklamationsfälle finden Sie im „Trainingsbuch Rhetorik“ aus der UTB-Reihe. Ein kurze Übersicht und weitere Fälle bieten zudem *www.streitkultur.net* und *www.utb-mehr-wissen.de.*

6. Keine Argumentation

Im Alltag werden auch Mittel verwendet, die eine überzeugende Wirkung erzielen, ohne stichhaltige Argumente im engeren Sinne zu sein. Nicht selten geben aber gerade diese den Ausschlag. In der mündlichen Kommunikation etwa führt unangemessene Aggressivität oft zu Einschüchterung oder gar einem Verstummen des Gesprächspartners, ohne dass inhaltlich überzeugende Argumente zugrunde liegen. Auch auf der inhaltlichen Ebene bringen oft Argumente Erfolg, die nur auf den ersten Anschein schlüssig sind, sich bei näherer Betrachtung aber als fehlerhaft erweisen würden. In einem – zumindest für Argumentationstheoretiker – idealen Diskurs spielen nichtargumentative Elemente kaum eine Rolle; im Alltag sind sie aber mitunter entscheidend. Darum ist es keineswegs ehrenrührig, die rhetorische Durchsetzungsfähigkeit durch Mittel zu verstärken, die ihre Kraft nicht aus dem argumentativen Gehalt beziehen. Methoden, die nicht argumentativ sind, können quasi als **rhetorische Wirkungsverstärker** fungieren und so einer richtigen Sache zur Durchsetzung verhelfen, die sonst im Getümmel untergegangen wäre. Auch die gute Sache muss gut beleuchtet sein, um erkannt zu werden.

Dieses Kapitel stellt ein Sammelsurium kommunikativer Methoden vor, die über die Argumentation im eigentlichen Sinne hinausgehen. Es geht also um die Tricks und Kniffe, die dabei helfen können, überzeugend zu sein. Zunächst werden Wege gezeigt, wie man im Gespräch einen **ruhigen Kopf** behalten kann, auch wenn das Gegenüber besonders aggressiv vorgeht, zum Beispiel durch Fragen, die unter die Gürtellinie gehen oder besonders hart formuliert sind. Der darauf folgende Abschnitt stellt eine Form von destruktiven Fragen vor, die dabei hilft, beim Anderen sozusagen in Blaue zu schießen, also die Argumentation des Antagonisten anzugreifen, ohne konkrete Zweifel am Gesagten zu äußern. Destruktive Fragen sind also Fragen, die man stellen kann, auch wenn man nicht genau weiß, wo sich der kritische Punkt überhaupt befindet. Im Anschluss werden **strategische Elemente** der Gesprächsführung wie „Agenda Setting“ oder wie man Vielredner unterbricht skizziert. Die zugrunde liegende Idee hierbei ist, dass nicht nur der Gehalt der Worte, sondern auch ihr Zeitpunkt eine große Rolle bei erfolgreicher Überzeugung spielt. Der letzte Teil des Kapitels beschäftigt sich mit Kniffen, die aus der rhetorischen Tradition der **Stilfiguren** und **Fehlschlüsse** inspiriert sind und sich nicht nur in der mündlichen, sondern auch in der schriftlichen Kommunikation einsetzen lassen, zum Beispiel die Vorwegnahme von Gegenargumenten oder der Angriff auf die Person des Gegenübers.

Bei allen Teilen des Kapitels gilt es zu bedenken, dass viele der hier vorgestellten Methoden gravierende Nachteile haben: Zum einen funktionieren die meisten nur **verdeckt**. Man gerät also in besondere Rechtfertigungsnot, wenn das Gegenüber das Mittel als nichtargumentativ oder fehlerhaft erkennt und dies offen anspricht. Wer zum Beispiel versucht, aus taktischen Gründen das Thema zu wechseln, um einem unangenehmen Punkt der Gegenseite auszuweichen, hat ein Problem, wenn man ihm auf die Schliche kommt.

Ein weiterer Nachteil ist, dass sich die meisten dieser Mittel nicht in allen Situationen gleich erfolgreich anwenden lassen, es fehlt also die **Replizierbarkeit**. Auch wenn eine Formulierung in der einen Situation brillant wirkt und seine Wirkung entfaltet, kann sie am nächsten Tag mit einem anderen Gesprächspartner immer noch als wenig gehaltvoll entlarvt werden.

Trotz der erwähnten Nachteile wäre es geradezu fahrlässig, sich im kommunikativen Alltag ausschließlich auf die Überzeugungskraft rein argumentativer Mittel zu verlassen und völlig auf nichtargumentative Methoden zu verzichten. Schließlich geht es nicht nur darum, Recht zu haben, sondern auch Recht zu bekommen.

6.1 Eile mit Weile: Zeit gewinnen bei schwierigen Fragen

Argumentation findet unter den Bedingungen des Alltags statt: Hierzu gehören unvollständige Information und beschränkte Zeit, aber auch individuelle Faktoren, wie etwa die momentane geistige Verfassung. Es ist wohl jedem schon einmal passiert, dass er sich in einem Gespräch in die Defensive hat drängen lassen und die guten Argumente situativ nicht griffbereit hatte. Einige Zeit später fällt einem das schlagende Argument dann ein – meistens zu spät. Aus diesem Grund ist es beruhigend, Methoden an der Hand zu haben, die dabei helfen, sich nicht aus der Ruhe bringen zu lassen und selbst bei harten inhaltlichen Fragen oder bei persönlichen Angriffen **Souveränität** zu bewahren. Hier reicht es oft, einfach einige Sätze lang etwas anderes zu sagen. Die inhaltliche Antwort wird damit so lange verzögert, bis die geistige Oberhand wiedergewonnen ist. Wer die Phase, in der man wie das Kaninchen vor der Schlange nach Worten ringt, einfach überspringt, ist sofort Herr der Situation. Die folgenden Methoden, helfen dabei, die eigentliche Beantwortung der Frage um die wenigen Momente zu verschieben, die man braucht, um nach einem scharfen Angriff wieder klar denken zu können. Sie stehen daher nicht allein, sondern sind sozusagen als Einleitung der inhaltlichen Antwort gedacht, und sollen dabei helfen, die geistige Ruhe zu finden, die für eine treffende Replik nötig ist.

Die Beispiele beziehen sich der Deutlichkeit halber alle auf eine gemeinsame Situation. Bei einer Diskussion über das Urlaubsziel kommt die Frage auf: „Findest du nicht auch, dass All-Inclusive-Reisen viel entspannter sind?"

6.1.1 Würdigen

„Das ist eine gute Frage, an all-inclusive haben wir bisher noch gar nicht gedacht. Da hast du wirklich gut aufgepasst. Ich sage dir gerne, wie ich dazu stehe: ..."

Wer die Frage würdigt, zeigt **Wertschätzung** für Frage und Fragenden und beugt so zunächst einer Eskalation auf der Beziehungsebene vor. Jeder Mensch ist empfänglich für Lob und Anerkennung. Der Fragende fühlt sich ernst genommen und bis zu einem gewissen Grad befreit von dem Bedürfnis, seinem Anliegen weiteren Nachdruck zu verleihen. Darüber hinaus werden viele Fragen nicht gestellt, um die Antwort zu hören, sondern weil sich der Fragende damit profilieren möchte. Diese Art von Fragen tritt besonders in öffentlichen Kontexten auf, wenn es ein Publikum gibt, das der eigentliche Adressat der Frage ist und von dem Fachwissen und dem Scharfsinn des Fragenden überzeugt werden soll. Man nimmt sich nichts, wenn man dem Fragenden einfach den Gefallen tut und ihn lobt.

Tipp

>> Die Formulierung „Das ist eine gute Frage" wird mitunter als hohle Phrase wahrgenommen, wenn sie allein steht. Daher ist die Würdigung besonders wirksam, wenn ein Grund für das Lob mitgeliefert wird.

6.1.2 Frage wiederholen

„Du fragst mich, ob all-inclusive nicht viel entspannter ist? Ich gebe dir gerne meine Antwort…“

Die Wiederholung der Frage ist die einfachste Möglichkeit, Zeit zu gewinnen. Man muss nicht viel nachdenken, um eben Gehörtes zu wiederholen und verschafft sich so Ruhe. Das Wiederholen kann in eigenen Worten geschehen, eine Formulierung im gleichen oder nahezu gleichen Wortlaut ist aber genauso wirksam. Ein weiterer Effekt hierbei ist, dass der Gesprächspartner Wertschätzung empfindet, weil der Eindruck vermittelt wird, die Frage wird wiederholt, um sicherzustellen, dass man alles richtig verstanden hat.

6.1.3 Klärungsfrage

„Da habe ich noch nicht ganz verstanden, worauf Du mit Deiner Frage heraus willst. Meinst du einen Club-Urlaub, Vollpension oder eine organisierte Rundreise?“

Die Klärungsfrage spielt den Ball zurück in die gegnerische Hälfte, indem eine genauere Spezifizierung eingefordert wird. Dadurch wird wertvolle Zeit gewonnen, die man braucht um über die Antwort nachzudenken, während die **inhaltliche Konkretisierung** vorgenommen wird. Allerdings sollte die Klärungsfrage mit Bedacht gewählt werden, da es auch vorkommen kann, dass der in der Frage enthaltene Angriff an Schärfe gewinnt und der Finger tiefer in die Wunde gesteckt wird.

>> **Tipp**
>
> Als Variante der Klärungsfrage bietet sich die Definitionsfrage an, in der eine genaue Bestimmung eines Begriffs eingefordert wird (z.B. „Was genau meinst du, wenn du von einem ‚Cluburlaub‘ sprichst?“).

6.1.4 Frage nach der Relevanz

„Da muss ich noch einmal nachfragen: Wie kommst du darauf, dass gerade die Art der Verpflegung einen so großen Einfluss auf die Qualität des Urlaubs hat?“

Bei der Frage nach der Relevanz geht es nicht um eine inhaltliche Klärung, sondern um die Motivation des Fragenden. Sie fordert zur **Rechtfer-**

tigung der zugrunde liegenden Frage heraus. Hieraus kann man, wenn Aussicht auf Erfolg besteht, eine Diskussion über die Angemessenheit der Frage vom Zaun brechen. Wird diese gewonnen, erledigt sich auch die inhaltliche Klärung.

6.1.5 Vertagen

„Die Sache mit der Verpflegung müssen wir bestimmt noch klären. Vorher sollten wir uns aber über das Zielland einig werden. Lass uns doch einmal die Dias von Dubrovnik anschauen...“

Wenn es nicht um Kernelemente der Argumentation geht, lässt sich eine Frage auf einen späteren Zeitpunkt verschieben. Bei Fachfragen zu Details denken viele, dass die eigene Kompetenz leidet, wenn man nicht auf alles sofort eine Antwort hat. Dem ist nicht so. Eine Verschiebung der Antwort auf später ist fast immer möglich, außer es geht um zentrale Punkte des eigenen Fachbereichs. Vor allem, wer eine schlüssige Begründung für die Vertagung angibt, kann so unbeliebten Fragen gut ausweichen. Der Bereich der Fragen, die zu Vertagen sind, ist größer als viele glauben. Meistens gewinnt das Gespräch sogar, wenn man sich dadurch auf die Hauptelemente konzentriert.

Es kann äußerst hilfreich sein, dem Fragenden die **Bringschuld** zu geben, die Frage ein weiteres Mal aufzuwerfen („Sprechen Sie mich bitte nach dem Vortrag/morgen/nächste Woche noch einmal darauf an, damit es nicht unter den Teppich gerät“). Viele Fragen werden außerhalb der konkreten Situation nicht mehr als wichtig angesehen und nicht mehr angesprochen.

In Vortragssituationen ergibt sich als Variante des Vertagens das Verschieben innerhalb der eigenen Rede („Lassen Sie mich diese Frage am Ende meines Vortrages behandeln“). Allerdings sollte man dann tatsächlich zu einem späteren Zeitpunkt auf den aufgeworfenen Punkt eingehen, um nicht den Eindruck zu erwecken, Dinge unter den Teppich kehren zu wollen.

6.2 Übungen

Nicht nur die beschriebenen Methoden helfen dabei, auch bei schwierigen Fragen Souveränität zu bewahren. Mit am wichtigsten ist es, sich von dem inneren Zwang zu lösen, augenblicklich auf die Frage mit einer Antwort zu reagieren. Da hilft nur üben.

6.2.1 Gegenfragen-Pingpong

Lernziel: Konfrontiert mit einer Frage, suchen die meisten Menschen sofort nach einer Antwort. In dieser Übung lernen Sie, sich diesem Druck zu entziehen.

Übung

Art: agonale Übung
Aktive Teilnehmer: 2
Juroren: –
Dauer: 3-5 Minuten
Schwierigkeit: leicht
Material: –

Beschreibung: Stellen Sie ihrem Partner eine beliebige Frage. Dieser darf nicht antworten, sondern muss eine Gegenfrage stellen. Auf diese Frage dürfen Sie wiederum nicht antworten, sondern müssen eine Frage stellen, auf die der Partner wieder nicht antworten darf. Das Spiel hat verloren, wer zuerst einen Satz äußert, der nicht mit einem Fragezeichen endet. Die Gegenfragen müssen sich nicht inhaltlich auf die vorangegangene Frage beziehen; Themensprünge sind erlaubt.

Variante 1: Statt einer einfachen Gegenfrage können Sie auch eine Doppelfrage stellen, bestehend aus einer Gegenfrage und einer destruktiven Frage (siehe unten), die zur Kennzeichnung mit „Und überhaupt...“ eingeleitet wird.

Variante 2: Die Übung wird herausfordernder, wenn Sie Gegenfragen stellen, die sich inhaltlich auf die vorangegangene Frage beziehen. Ein Beispiel: Auf die Frage „Was hast du gestern zu Mittag gegessen?“ ist die Gegenfrage „Wie kommst du darauf?“ zulässig, weil sie einen Bezug zur Ursprungsfrage hat. Die Gegenfrage „Wie ist das Wetter draußen?“ ist nicht zulässig, weil dieser Bezug fehlt.

6.3 Argumente aushebeln ohne Angelpunkt: destruktives Fragen

In Kapitel 4 Argumente widerlegen (siehe Seite 55) wurde gezeigt, dass Fragen ein wichtiges Mittel der Plausibilitätsprüfung in der Argumentation sind. Voraussetzung für diese Art von Fragen ist allerdings, dass der Fragende eine Vorstellung davon hat, welche Punkte der gegnerischen

Argumentation kritikwürdig sind. Destruktives Fragen setzt das nicht voraus. Weil sozusagen ins Blaue geschossen wird, muss dem Fragenden überhaupt kein konkreter Anlass zur Kritik bekannt sein. Alle hier vorgestellten Fragen können auch als nicht-destruktive Frage auftreten. Die Besonderheit destruktiven Fragens liegt nicht in der Formulierung oder dem argumentativen Gehalt, sondern in der Motivation: Gibt es keinen inhaltlichen Anlass für die Frage, dann ist sie wahrscheinlich destruktiv. Unabhängig davon, ob tatsächlich ein wunder Punkt getroffen wurde oder nicht, wird der Gefragte in eine Verteidigungshaltung gedrängt, was aus gesprächsstrategischen Gründen hilfreich sein kann.

Wie reagiert man als Gefragter möglichst geschickt auf diese Art des Fragens? Zum einen kann man die Frage schlicht beantworten und hoffen, schnell wieder zum eigentlichen Punkt zu kommen. Dabei ist es aber wichtig, sich durch destruktives Fragen nicht von seiner ursprünglichen Argumentation ablenken zu lassen. Mitunter reicht es auch aus, die Frage als destruktiv und unmotiviert zu benennen („Diese Frage hat offensichtlich nichts mit dem eigentlichen Thema zu tun. Ich komme zurück zur Sache“). In vielen Fällen ist man damit allerdings schlecht beraten, da ein solches Verhalten oft als Ausflucht gewertet wird. Welche Abwehrstrategien darüber hinaus bei den jeweiligen Formen destruktiven Fragens hilfreich sein können, ist bei den einzelnen Fragenarten aufgeführt.

Die Motivation („Wieso bringen Sie diesen Punkt auf?“, „Was bezwecken Sie mit diesem Argument?“,)

Die Frage zielt auf den Beweggrund der Argumentation ab. Der Gefragte soll sich verpflichtet fühlen, darlegen zu müssen, welches Anliegen er mit dem Punkt verbindet oder wie dieser sich in seine Gesamtargumentation einfügt. Es wird also eine Rechtfertigung für das Hervorbringen des Arguments eingefordert. Die Motivationsfrage soll damit darauf abzielen, die Glaubwürdigkeit des Gegenübers zu untergraben, indem auf versteckte Interessen angespielt wird („Warum schwärmst du eigentlich die ganze Zeit von All-Inclusive-Urlauben? Das ist doch nur vorgeschoben. Du weißt genau, dass es das in Dubrovnik nicht gibt. Jetzt tust du so, als sei dir das wichtig, dabei willst du in Wirklichkeit einfach nicht nach Kroatien“). Die einfachste Replik hierauf ist eine kurze inhaltliche Antwort. Wer diese nicht parat hat, kann immer auch die Retourkutsche fahren und wiederum nach einer Rechtfertigung fragen („Wie kommst du darauf, dass zu behaupten?“).

Die Person des Gegenübers („Woher nehmen Sie eigentlich Ihre Kompetenz?“, „Wieso glauben Sie, das beurteilen zu können?“, ...)

Mit dieser Frage wird versucht, das Gegenüber als Person zu diskreditieren, indem die Eignung als Gesprächspartner auf Augenhöhe angezweifelt wird. Eine solche Frage ist meistens schlagend, wenn keine passende Antwort gefunden wird. Ein eventuell vorhandenes Publikum empfindet diese Art des Fragens aber oft als unangemessen scharf.

Bei der Frage nach der Eignung der Person droht dem Gefragten ein großer Verlust an Glaubwürdigkeit. Deswegen sollte er unbedingt eine inhaltliche Antwort geben. Wer diese nicht geben kann oder will, kann alternativ den Zweifel wiederum bezweifeln („Was war an meinen Ausführungen fehlerhaft, dass Sie sich meiner Kompetenz unsicher sind?“).

Der Inhalt („Stimmt das überhaupt?“, „Woher hast du diese Information?“, ...)

Auch der Inhalt bietet sich als Gegenstand für grundloses Zweifeln an. Man kann zum einen die Faktizität in Frage stellen und so beliebig Belege einfordern. Zum anderen kann man durch destruktives Fragen auch suggerieren, dass eigentlich ein anderes Thema gerade viel besser passen würde („Eigentlich geht es hier doch gar nicht um All-Inclusive. Du hast einfach keine Lust auf Club-Urlaub, oder?“).

Die Form („Geht das auch ohne Fremdwörter?“, „Können Sie es nicht auch etwas weniger professoral ausdrücken?“, ...)

Der Angriff auf die Form ist eine der schwächeren Formen des destruktiven Fragens. Es ist für alle Beteiligen vollkommen offensichtlich, dass keine inhaltliche Kritik vorgenommen wird. Wenn aber die Form tatsächlich stark aus dem Rahmen gefallen ist, kann die Frage nach der Form sehr effektvoll dazu dienen, den Gesprächspartner vor einem Publikum zu diskreditieren.

Für den Gefragten ist es meistens am besten, sich auf die Diskussion über die Form nicht einzulassen, sondern bei der Sache zu bleiben. In einigen Fällen lässt sich auch eine inhaltliche Rechtfertigung für die Form finden („Das Thema ist so komplex, dass einfache Formulierungen am Kern vorbei gehen“).

Der Zeitpunkt („Warum kommen Sie jetzt damit?“, „Glaubst du, dass dieser Moment der richtige dafür ist?“, ...)

Wer nach dem Zeitpunkt fragt, der unterstellt, dass das angegriffene Argument gerade nicht passt oder anderswo besser gepasst hätte.

Diese Frage lässt sich meistens am besten inhaltlich kontern, indem man die aktuelle Relevanz kurz darlegt.

Der Angesprochene („Warum sagen Sie *mir* das?“, „Und was soll *ich* jetzt damit anfangen?“, ...)

Mit der Frage nach der Person des Angesprochenen wird das Argument nicht inhaltlich hinterfragt, sondern behauptet, dass der Adressat der falsche sei. Im Gespräch kann man damit oft Überraschungseffekte erzielen, weil das Gegenüber mit einer solchen Frage selten rechnet.

Auch hier kommt man als Antwortender an einer inhaltlichen Reaktion selten vorbei.

Die Definition („Wie definieren Sie...?“, „Was genau meinst du mit...?“, ...)

Wer nach der Definition fragt, fordert eine genaue Bestimmung eines Begriffs ein. Eine daraufhin gegebene Definition bietet mit hoher Wahrscheinlichkeit weitere Angriffspunkte und die Diskussion kann sich so mehr und mehr vom ursprünglichen Thema entfernen.

Spontan eine treffende Definition zu geben, ist zum einen schwierig und zum anderen noch kein Garant dafür, dass man sich wieder den Inhalten zuwenden kann, da es immer kritische Stellen geben wird. Die eleganteste Lösung, als Gefragter einer schwierigen Definition zu entgehen, ist ein konkretes Beispiel zu geben.

Um zusammenzufassen: Mit destruktivem Fragen lässt sich zwar jedes Argument angreifen, trotzdem sollte man sparsam mit ihnen umgehen. Werden nämlich zu viele Fragen dieser Art verwendet, wird mitunter schnell offensichtlich, dass es an stichhaltigen Argumenten fehlt und kein eigenes argumentatives Material eingebracht wird.

6.4 Gesprächsmanagement

Bis hierher konzentrierten sich die vorgestellten Methoden auf die Mikroebene des Gesprächs, also einzelne Fragen, Repliken und Wortbeiträge. Wenn man aber auf der Makroebene das Gespräch als Ganzes in den Blick nimmt, zeigen sich viele Wege, die man gehen kann, um Überzeugungseffekte zu erreichen oder zu verstärken. Die wichtigsten werden hier dargelegt.

6.4.1 Moderieren

Gute Gesprächsführung setzt voraus, dass hin und wieder die Rolle des Moderators eingenommen und das Gespräch auf das eigentliche Thema zurück gelenkt wird. So wird sichergestellt, dass zum einen die Sache nicht aus dem Blick gerät und zum anderen nicht wertvolle Zeit in weniger relevanten Themenbereichen verschwendet wird. Das gilt für das Zwiegespräch und stärker noch für Gruppendiskussionen. Moderative Einwürfe bieten immer auch die Gelegenheit, das Gespräch im eigenen Sinne zu lenken. Hier sind vor allem Beginn und Ende des Gesprächs kritisch für den Erfolg. Beiträge zu Beginn wirken sich besonders auf die Richtung des Gesprächs aus, mit Einwürfen gegen Ende lässt sich das Ergebnis ein letztes Mal beeinflussen.

>> **Tipp**
>
> Übernehmen Sie ruhig ab und an die Moderation des Gesprächs.

6.4.2 Wichtiges früh einbringen

Die schlagendsten Punkte der eigenen Argumentation sollten nicht zu spät ins Feld geführt werden, ansonsten besteht die Gefahr, dass der Gesprächsverlauf sich in eine andere Richtung entwickelt hat und die Argumente nicht mehr recht passen. Wer versucht, sein Pulver trocken zu halten und erst spät seine Hauptpunkte präsentiert, hat bis zu diesem Zeitpunkt vielleicht schon einiges an Terrain verloren. Eine Ausnahme hiervon bilden Diskussionen in größeren Gruppen, bei denen sich zwei Lager gegenüber stehen. Das gilt besonders dann, wenn eine Redeliste geführt wird und man nur wenige Redebeiträge abgeben kann. In diesem Fall kann es sinnvoll sein, die sich gegenüber stehenden Parteien einige Zeit streiten zu lassen und die eigenen Punkte erst dann einzubringen, wenn sich der Pulverdampf etwas verzogen hat.

6.4.3 Im eigenen Sinne zusammenfassen

Besonders bei Gruppendiskussionen bietet es sich an, gegen Ende des Gesprächs die wichtigsten Ergebnisse für alle zusammenzufassen. Hier ist die Auswahl der gesammelten Punkte entscheidend. Zweifellos ist eine Zusammenfassung aus der eigenen Perspektive besonders geeignet, diese letzte Chance der Überzeugung zu nutzen. An dieser Stelle ist jedoch Vorsicht geboten: Wenn ausschließlich die eigenen Punkte erwähnt werden, bringt man sich in die Gefahr, dass der Anschein der Objektivität verloren geht und die Zusammenfassung nicht von allen Gesprächsteilnehmern anerkannt wird.

6.4.4 Ins Wort fallen kann positiv sein

Den Gesprächspartner zu unterbrechen wird oft als unhöflich angesehen, obwohl es für ein Gespräch gut ist, wenn ein Redner daran gehindert wird, eine so große Menge von neuen Punkten einzubringen, dass man auf die einzelnen Argumente nicht mehr eingehen kann. Die weiteren Gesprächsteilnehmer oder das Publikum sind sogar oft dankbar, wenn Vielredner gestoppt werden. Allgemein sollte man erst unterbrechen, wenn zumindest ein Punkt des Vorredners klar geworden ist, ansonsten wird der Eindruck erweckt, man kümmere sich nicht um die Beiträge des anderen. Eine der höflicheren Methoden, dem Gegenüber ins Wort zu fallen, ist es, direkten Bezug auf das vorher Gesagte zu nehmen und dadurch die Unterbrechung bis zu einem gewissen Grad zu rechtfertigen. Wird die Unterbrechung etwa mit „Genau dazu..." eingeleitet, weiß der Unterbrochene zumindest, dass nun seine Angelegenheit besprochen wird.

Tipp

>> Um die Aufmerksamkeit des anderen zu erlangen, bietet es sich an, den Unterbrochenen mit Namen anzureden.

6.4.5 Tempo verringern

Gerät ein Gespräch zu emotional und hitzig, ist es ratsam, das Tempo des Wortwechsels zu verringern und so in ruhigeres Fahrwasser zurückzukehren. Die einfachste Methode, um dieses Ziel zu erreichen, ist es, die Ausführungen des Vorredners in eigenen Worten zu wiederholen. Hierdurch wird die Frequenz des Schlagabtauschs verringert und damit Ruhe ins Gespräch gebracht. Darüber hinaus zeigt man dem Gegenüber Wertschätzung und macht deutlich, dass seine Ausführungen nicht auf taube Ohren stoßen.

6.4.6 Thema wechseln

Eine gute Methode, um das Gespräch von einem unangenehmen Gegenstand wegzuführen, ist es, ein neues Thema aufzuwerfen („Tiere in Zoos zu halten ist genauso grausam, wie Fleisch zu essen. Wie kann man nur unschuldige Tiere aus reinem Genuss töten?"). Das funktioniert dann gut, wenn das neue Thema umstrittener oder emotionaler ist, als das ursprüngliche. Besonders elegant kann das erfolgen, wenn das neue Thema in einem Nebensatz, sozusagen „en passant" aufgeworfen wird. Reagiert der Gesprächspartner darauf, ist er für die Themenverschiebung verantwortlich.

6.4.7 Zustimmen

Wer dem Gegenüber zustimmt, muss sich nicht mit seiner Position auseinander setzen und kann zu angenehmeren Gegenständen überleiten („Das mag ja alles richtig sein. Viel wichtiger ist doch..."). Es ist ein weit verbreiteter Irrglaube, dass man dem Gesprächspartner in allen Punkten widersprechen muss, nur weil man die Gegenposition hält. Der Bereich, in dem Zugeständnisse möglich sind, ist größer, als viele annehmen. Oft ist es auch aus gesprächstaktischen Gründen sinnvoll, kleinere Punkte zuzugeben, damit die Hauptpunkte der eigenen Position einen größeren Raum im Gespräch einnehmen können. Die Zustimmung funktioniert allerdings nicht bei Kernelementen der gegnerischen Position.

Tipp

>> Wollen Sie dem Gegenüber nicht voll und ganz Recht geben, kann die bedingte Zustimmung eine Lösung sein, in der man nichts direkt zugibt, sondern in einer Art Gedankenexperiment annimmt, das Gegenüber hätte Recht („Selbst wenn das stimmt, sollten wir uns lieber auf folgendes konzentrieren...").

6.5 Übung: Ins Wort fallen

Praktische Übungen haben nicht immer den Zweck, neue Verhaltenswege zu trainieren. Manchmal ist es auch das Übungsziel, mit einer bereits eingeübten Handlungsweise brechen zu können, wenn es angebracht ist. Eine solche Übung wird im Folgenden vorgestellt.

Lernziel: Viele Menschen haben Bedenken, anderen ins Wort zu fallen. Diese Übung trainiert das Unterbrechen.

Übung

Art: agonale Übung
Aktive Teilnehmer: 3+
Juroren: –
Übungsdauer: mittel
Schwierigkeit: leicht
Material: Münzen

Beschreibung: Führen Sie ein Streitgespräch über ein beliebiges Thema. Das Gespräch folgt keiner Regulierung der Redezeit, wichtig ist nur, dass sich alle beteiligen und eine lebhafte Diskussion entsteht. Jeder Teilnehmer hat fünf Münzen. Jedes Mal, wenn jemand einem anderen ins Wort fällt, darf der Unterbrechende zur Belohnung eine Münze ablegen. Die Übung ist beendet, wenn alle Münzen abgelegt wurden.

6.6 Kniffe aus der rhetorischen Trickkiste

Die Liste der rhetorischen Stilfiguren und die Lehre der Fehlschlüsse bieten sich als reiche Fundgrube an, wenn man auf der Suche nach Methoden, die Überzeugung herbeiführen können, ist. Die folgende Zusammen stellung ist eine kleine Auswahl der besonders schlagkräftigen Wendungen.

Fehlschlüsse

Fehlschlüsse (auch Trugschlüsse oder Sophismata) nehmen in vielen Rhetoriktheorien und auch praktischen Lehrbüchern eine zentrale Stellung ein. Gern werden sie dabei als moralisch fragwürdige Mittel in die Schmuddelecke gedrängt oder als Verstöße gegen argumentative Aufrichtigkeit gebrandmarkt. Tatsächlich stellt bereits eine saubere Definition von „Fehlschluss" ein großes Problem dar. Die über Jahrhunderte hinweg gültige Definition „Fehlschlüsse sind Argumente, die gültig zu sein scheinen, es aber nicht sind" ist jedenfalls kaum tauglich: Denn viele Fehlschlüsse sind weder Argumente im eigentlichen Sinne, noch scheinen sie gültig. Andere hingegen sind sogar logisch valide. So ist die klassische Definition also in jeglicher Hinsicht falsch – und die besten

modernen Definitionen sind zu umfangreich und komplex, um sie hier zu besprechen.
Für die vorliegenden Zwecke sind Fehlschlüsse Überredungstechniken, die bei genauer Analyse argumentative Defizite aufweisen. Aus diesem Grund taugen die meisten Fehlschlüsse nur für die kurzfristige Beeinflussung von Zuhörern, nicht aber als Basis einer dauerhaften Überzeugung. Im Vergleich zu aufrichtiger und solider Argumentation sind sie daher meist zweite Wahl, für den kurzfristigen rhetorischen Effekt hingegen können sie das ideale (und in Abhängigkeit von der Gesamtzielsetzung des Redners auch moralisch integere) Mittel sein.

6.6.1 Praeteritio

„Ich möchte gar nicht darüber reden, dass es im Sommer in Kroatien viel zu heiß ist. Was wirklich für ‚Rock am Ring' spricht ist..."

„Lassen sie mich darüber schweigen, welche Grausamkeiten Zootiere zu erleiden haben. Viel wichtiger ist doch..."

Bei der Praeteritio wird ein Gedanke aufgeworfen und vorgegeben, darüber nicht reden zu wollen. Es geht also um eine explizite Betonung des Auslassens von angeblich Unwichtigem. Damit ist der Gedanke aber natürlich zum einen gesagt und zum anderen sogar hervorgehoben. Wer eine Praeteritio verwendet, will also das Gegenteil von dem erreichen, was er behauptet. Indem er nämlich etwas zum Thema sagt, das vorgeblich gar nicht angesprochen werden soll. Das hat drei deutliche Vorteile: Erstens kann man sich eine detaillierte Begründung ersparen, da ja eigentlich nicht darüber gesprochen werden soll. Die Praeteritio eignet sich deshalb besonders für emotional wirkende Punkte, die bei genauer sachlicher Betrachtung an Eindruck verlieren würden. Das Gegenüber kann zwar eine weitergehende Begründung einfordern, diese lässt sich aber leicht von der Hand weisen, indem auf die behauptete Nebensächlichkeit verwiesen wird. Der zweite Vorzug der Praeteritio ist gesprächstaktischer Natur: Geht der Gesprächspartner auf das neue Thema ein, schnappt die Falle zu und man kann sich getrost vom ursprünglichen Punkt weg bewegen. Die Schuld am Themenwechsel trägt dann das Gegenüber. Und selbst wenn man auf diesem Nebenschauplatz argumentativ unterliegt, ist es immer noch möglich zu sagen, dass man von Anfang an der Meinung gewesen ist, das sei ein unwichtiges Nebenthema, und man wolle sich jetzt wieder den Hauptsachen zuwenden. Und hier sind wir beim dritten Vorteil der Praeteritio: Ein inhaltlicher Rückzug ist ohne Gesichtsverlust möglich, denn wenn man in einem Punkt, den man angeblich nicht aufwerfen wollte, dem Gegenüber Recht gibt, ist noch nichts verloren.

Gegen die Praeteritio sind nur wenige Kräuter gewachsen. Die reine Benennung des Mittels als Mittel wirkt hier kaum. Wer beispielsweise sagt: „Du behauptest, das nicht zum Thema machen zu wollen, und erwähnst es jetzt trotzdem", verstärkt die Wirkung weiter. Besser als die Betonung des angeblich Nebensächlichen ist die Betonung der Nebensächlichkeit selbst („Du hast Recht, das ist ein völlig unbedeutender Punkt..."). Oft ist es auch sinnvoll, die angebliche Nebensächlichkeit zu ignorieren und den Punkt anzugreifen, als wäre er ohne Einschränkung gesagt worden. Wenn man dann mit der Behauptung der Nebensächlichkeit konfrontiert wird, bleibt einem immer noch die Möglichkeit der Brandmarkung des Mittels der vorgeblichen Auslassung als rhetorische Methode.

6.6.2 Vorwegnahme – Prolepsis

„Jetzt kannst du natürlich sagen, dass..."

„An dieser Stelle behaupten viele, ... das kann man natürlich so nicht sehen."

Bei der Stilfigur der Vorwegnahme eines Einwandes wird der Versuch unternommen, das eigene Argument im Voraus gegen einen Angriff abzusichern, indem man diesen bereits anspricht, bevor das Gegenüber ihn artikulieren kann. Diese Methode eignet sich besonders dort, wo typischerweise ein bestimmtes Gegenargument aufgeworfen wird. Wer die Vorwegnahme verwendet, signalisiert gleichzeitig ein hohes Reflektionsniveau: Das präsentierte Argument wirkt gut durchdacht, da die Schwachstellen bereits bei der Formulierung des Gedankens mit in den Blick genommen sind. Die Impfung des Argumentes durch Vorwegnahme kann gesprächstaktisch aus zwei Gründen sehr hilfreich sein. Erstens kann man den vorweg genommenen Einwand etwas schwächer formulieren, als es das Gegenüber getan hätte, und so den eigenen Punkt stärker erscheinen lassen. Zweitens zwingt man den Gesprächspartner dazu, seinen Einwand an einer anderen und vielleicht leichter zu verteidigenden Stelle zu bringen, da der Hauptpunkt bereits genannt ist. Ein Gegenmittel gegen die Vorwegnahme ist nicht nötig, wenn man sich dadurch auf andere Punkte der Gegenargumentation konzentrieren kann. Ist der vorweg genommene Einwand aber schwach formuliert oder kaum eine Alternative vorhanden, tut man oft gut daran, diesen selbst noch einmal deutlicher aufzubringen.

Man sollte also den vorweg genommenen Einwand noch einmal selbst – und nach Möglichkeit schlagender – formulieren.

Eine ausführlichere Variante der Vorwegnahme ist der sogenannte Strohmann. Bei dem Strohmann-Argument baut man zunächst ein nicht allzu starkes Gegenargument auf und verwirft es anschließend als schwaches Argument („Du wirst jetzt bestimmt damit kommen, dass Tiere im Zoo nicht artgerecht gehalten werden. Das stimmt natürlich nicht, weil…“). Das Hintertriebene bei dieser Argumentationsform liegt darin, dass das unterstellte Argument kein tatsächlicher Punkt der Gegenseite ist, sondern nur dieser Anschein erweckt wird. Das gibt eine große Freiheit bei der Auswahl des Materials, aus dem der Strohmann konstruiert wird.

6.6.3 Angriff auf die Person: argumentum ad hominem

„Du warst doch selbst erst vor zwei Wochen im Zoo, da kannst du doch nicht jetzt plötzlich dagegen sein.”

„Du bist doch nur gegen einen All-Inclusive-Urlaub, weil es dir zu teuer ist. Das ist wieder typisch für deinen Geiz.“

Der Fehlschluss des Angriffs auf die Person zielt darauf ab, dem Gegenüber Glaubwürdigkeit zu nehmen und ihn als Gesprächspartner zu diskreditieren. Der Angesprochene wird in eine Verteidigungshaltung gedrängt und hat sich zu rechtfertigen.

Ein typischer Fall ist der Vorwurf einer Inkonsistenz zwischen vorherigen Taten und heutigen Worte. Ein Verhalten aus der Vergangenheit passt also angeblich nicht zur Argumentation. Hier liegt die Vorstellung zu Grunde, dass sich unglaubwürdig macht, wer Wasser predigt und Wein trinkt. Ein solcher Vorwurf greift allerdings eigentlich nicht bei der inhaltlichen Argumentation an, da das eigene Verhalten keine Auswirkungen auf die argumentative Gültigkeit des Gesagten hat. Aus diesem Grund gilt der Angriff auf die Person als Fehlschluss. Trotzdem hat der Angriff auf die Person eine besondere Schlagkraft, weil er dem Gegenüber sozusagen den Boden entzieht, da die Glaubwürdigkeit leidet, wenn man damit durchkommt. Selbst wenn der Angriff erfolgreich abgewehrt werden kann, gilt das Sprichwort: „Etwas bleibt immer haften.“

Da das angegriffene Verhalten in irgendeiner Verbindung zu den Argumenten stehen muss, bietet es sich an, bei der Verteidigung hier anzusetzen (hierzu mehr im Kapitel 5, Seite 81). Wem es gelingt, zu zeigen, dass die Handlung nicht statt gefunden hat oder es keinen Widerspruch zwischen Taten und Worten gibt, entgeht dem Angriff auf die Person (z.B.:

„Ich war im Zoo, weil meine Freundin unbedingt hin wollte. Ich war von Anfang an dagegen"). Mitunter führt auch die Bumerang-Methode zu einer erfolgreichen Verteidigung: Man definiert dabei die angebliche Schwäche zu einer Stärke um („Eben weil ich im Zoo war, kann ich jetzt informiert darüber sprechen").

Tipp

Wenn man selbst Opfer eines Vorwurfs zum eigenen Verhalten wird und Beschwichtigungen nicht mehr helfen, kann man sich immer noch vom eigenen Verhalten distanzieren („Wenn ich gewusst hätte, was ich jetzt weiß, wäre ich nicht hingegangen").

Eine andere Möglichkeit des „argumentum ad hominem" ist der mit einem persönlichen Vorwurf verbundene Angriff (im Beispiel oben: „Du bist geizig"). Obwohl ein solcher Angriff meist wenig mit der Sache zu tun hat, kann oft eine überraschend starke Wirkung erzielt werden, wenn es gelingt, diesen nicht allzu offensichtlich zu platzieren.

Eine Verteidigung gegen den persönlichen Vorwurf lässt sich oft durch den Hinweis, es ginge um die Sache, nicht um die Person, realisieren. Besonders elegant ist der Angriff abzuwehren, indem man die zugeschriebene Eigenschaft nicht ablehnt, sondern positiv umdeutet („Wenn geizig bedeutet, dass ich auf meine Ausgaben achte, dann bin ich in der Tat geizig").

6.6.4 Vorschnelle Verallgemeinerung

„Die Tiger im Zoo hier um die Ecke sind depressiv wegen mangelnden Auslaufs, deswegen sollten wir keine Tiger in Zoos halten."

„In Dubrovnik gibt es den besten Eisladen, den ich kenne, also ist es ein toller Ort für einen Urlaub."

Die vorschnelle Verallgemeinerung schließt von einer eingeschränkten Aussage auf eine weniger eingeschränkte Aussage. Weil man eine Aussage unter bestimmten Bedingungen als richtig ansieht, wird darauf geschlossen, dass sie auch außerhalb der ursprünglichen Bedingung richtig ist. Dieser sogenannte Fehlschluss muss nicht unbedingt falsch sein, es fehlt aber die unausgesprochene Begründung für die Zulässigkeit der Verallgemeinerung. Im Beispiel etwa müsste noch nachgeliefert werden, dass Tiger in allen Zoos depressiv werden und nicht nur in diesem einen.

Die vorschnelle Verallgemeinerung kann eine schlagende Wirkung erzielen, weil sie es ermöglicht, aus einem einzelnen Beispiel zu einer allgemeinen Aussage zu kommen. Die Akzeptanz des Argumentes steht und fällt damit, ob das Beispiel als typisch für das Große und Ganze wahrgenommen wird.

Wer mit einer vorschnellen Verallgemeinerung konfrontiert ist, sollte die Frage stellen, woher die Verallgemeinerung ihre Zulässigkeit bezieht oder direkt dagegen argumentieren. Mehr zum Thema Induktion und Verallgemeinerungen findet sich im Kapitel 2 (siehe Seite 27ff.).

6.6.5 Danach also deswegen: post hoc ergo propter

„Nachdem in Karlsruhe die Video-Überwachung am Bahnhof eingeführt wurde, ist die Anzahl der Drogendelikte zurückgegangen. Es war also ein erfolgreiches Instrument."

„In Brandenburg ist die Geburtenrate gestiegen, nachdem wieder mehr Störche heimisch wurden. Also bringt der Storch die Kinder."

Dieser Fehlschluss basiert darauf, dass das, was nach einem bestimmten Ereignis passiert ist, auch von diesem verursacht worden sei. Die Kausalität wird nur aufgrund des zeitlichen Ablaufs unterstellt. Die Überzeugungskraft nährt sich daraus, dass der Zusammenhang zwischen der behaupteten Ursache und der Wirkung als offensichtlich dargestellt wird und daher keiner weiteren Begründung bedarf. Das auch andere Ursachen zugrunde liegen können, wird nicht mitgedacht. In Karlsruhe könnte auch eine erhöhte Polizeipräsenz für den Rückgang der Drogendelikte verantwortlich sein.

Die erfolgreichste Entgegnung bei einem „post hoc ergo propter" ist, den Finger in die Wunde zu legen, indem man eine Begründung für den behaupteten Zusammenhang einfordert. Oft reicht hierfür eine kurze Zwischenfrage („Wie kommen sie darauf, dass hier ein Zusammenhang besteht?"). Das Hauptproblem besteht mitunter nicht in der Widerlegung selbst, sondern darin, den Fehlschluss als solchen zu erkennen. Hier gilt es, auch bei auf den ersten Blick offensichtlichen Zusammenhängen immer wieder nach dem „Warum?" zu fragen.

6.7 Ausblick

Nichtargumentative Mittel können ein wirkungsmächtiges Instrument im Überzeugungsprozess sein. Die Hinweise in diesem Kapitel geben einen

Überblick der Einsatzmöglichkeiten und einschlägigen Gegenstrategien. Allerdings sollte man sich stets bewusst machen, dass nichtargumentative Methoden allenfalls stützend wirken sollten und nicht anstelle der ratio nalen Argumentation treten dürfen, will man einen langfristigen und replizierbaren Überzeugungserfolg erreichen.

7. Argumentativer Zweikampf: die Disputation

Die unterschiedlichsten Aspekte der Argumentation wurden bisher in diesem Buch erläutert: wie Sie Argumente finden, wie Sie diese ausbauen und wieder zerschlagen können und wie Sie sich argumentativ gegen Anschuldigungen zur Wehr setzen sollten. Sogar Tricks und Fallen der Argumentation wurden beleuchtet. Nun ist es soweit, dieses Wissen in die Tat umzusetzen. Nachdem Sie (hoffentlich) Kapitel um Kapitel die unterschiedlichen Vorübungen absolviert haben, ist es Zeit, sich an die argumentative Kür zu wagen – einen Zweikampf mit ungleichen Mitteln: die Disputation.

Die Disputation, wie sie in diesem Kapitel vorgestellt wird, ist die Königsübung der Argumentation. In herausfordernder Art eröffnet die Disputation jedem, der sich ihr stellt, einen Weg zur Perfektionierung der argumentativen Kompetenz. Doch selbst wenn Sie nicht selbst disputieren wollen, kann dieses Kapitel bereichernde Einblicke in die hohe Schule der sportlichen Argumentationsübungen geben. Indem einige argumentative Kernkompetenzen noch genauer beleuchtet werden, wird ein spannender Weg für die weitere Entwicklung aufgezeigt.

Angenommen, Sie stellen eine Behauptung auf und Ihr Gegenüber hätte die Aufgabe, Sie von der Widersinnigkeit Ihrer Behauptung zu überzeugen: Im Alltag entstünde auf der Stelle eine hitzige Diskussion, in der beide Parteien wechselseitig das Rederecht an sich rissen und den jeweils anderen mit einer Kanonade von Argumenten bedeckten – Argumenten, bei denen oft unausgesprochen bliebe, in welchem Verhältnis sie zur ursprünglichen Behauptung stünden.

Diese alltägliche Art des Meinungsabgleichs ist nicht verkehrt. Jedoch spielen hier eine ganze Reihe von Faktoren eine Rolle, die nicht ins Reich der Argumentation gehören: Faktoren wie Ihre psychologische Empathie, sich in die Befindlichkeiten Ihres Gegenübers einzufühlen, oder wie subtil Sie ihm das Rederecht zu entwenden vermögen. Da sich die Disputation hingegen darauf konzentriert, rein argumentative Fähigkeiten durch Wettkampf zu schulen, gelten feste Regeln – Regeln, die beide Disputanten zu ungleichem Vorgehen zwingen.

Wieder angenommen, Sie stellen eine Behauptung auf. In der Disputation werden Sie dadurch zum sogenannten Defendenten – ihre Aufgabe ist also, die Richtigkeit der Behauptung zu verteidigen. Ihre Gegnerin, die Ihre Behauptung widerlegen möchte, wird hingegen Opponentin genannt – sie greift die Richtigkeit der These an.

Nehmen wir weiterhin an, dass Sie Ihre Behauptung *nicht* durch weitere Behauptungen begründen dürfen, und umgekehrt Ihre Opponentin diese *nicht* durch Behauptungen widerlegen darf. Vielmehr hat allein die Opponentin das Recht (und die Pflicht) Sie durch *Fragen* in die Enge zu treiben. Sie darf Ihnen dazu lediglich Satzfragen stellen, also Fragen, die nur mit „Ja" oder „Nein" zu beantworten sind. Ihre Opponentin wird dabei das Ziel verfolgen, Antworten zu erhalten, die mit Ihrer ursprünglichen Behauptung nicht vereinbar sind, oder zumindest Antworten, die derart abstrus sind, dass jedem klar sein wird, dass Sie sie nur deshalb so gegeben haben, um einem Widerspruch zu Ihrer ursprünglichen Behauptung zu entgehen. Sie dagegen werden sich als Defendent bei jeder Frage, die Ihnen die Opponentin stellt, genau überlegen müssen, was aus Ihrer Antwort folgt. Welche Strategie verfolgt Ihre Gegnerin? Worauf möchte Sie sie mit ihrer Frage festlegen? Bedeutet die naheliegende Antwort, dass Sie im nächsten (oder auch übernächsten) Schritt eine Antwort geben müssen, die entweder im Widerspruch zu Ihrer ursprünglichen Behauptung steht oder offenkundiger Unsinn ist?

Wenn Sie Ihre argumenativen Anaylsefähigkeiten im spielerischen Wettkampf der Disputation eine Weile trainiert haben, wird es Ihnen sehr leicht fallen, auch im Alltagsgespräch schnell zu erkennen, was für ihre These spricht und welche Aufgaben und Argumente ihr Gegenüber hat. Mit anderen Worten: Sie verfügen über optimale dialektische Kompetenz.

Tipp

» Argumentationstraining macht sehr viel mehr Spass, wenn Sie es mit ein paar Freunden als sportlichen Wettkampf betreiben – für diesen Zweck bietet sich die Disputation ideal an.

7.1 Erste Schritte: Vorübungen

Wie die meisten Wettkämpfe läuft auch die Disputation nach vorher genau definierten Regeln ab, die für die Teilnehmer Rechte und Pflichten festlegen. Dabei bildet sie die argumentative Realität in deutlich überspitzter Form ab: Im Alltag kommt es selten vor, dass einem argumentative Fähigkeiten in so konzentrierter Form abverlangt werden.

Deshalb ist es sinnvoll, sich vorweg mit den grundsätzlichen Besonderheiten dieser Gesprächsform vertraut zu machen, damit die Disputation zu einem vollen Erfolg werden kann.

7.2 Was, wie viel und wann?

Lernziel: In dieser Übung schärfen Sie Ihren Blick dafür, wie unterschiedlich Aussagen quantifiziert sein können und wie sich in Abhängigkeit der Quantoren Ihre Aussage verändert.

Übung

Art: Gruppenübung
Aktive Teilnehmer: 3-10
Juroren: –
Übungsdauer: kurz
Schwierigkeit: leicht
Materialien: –

Beschreibung: „Küsten sind traumhaft!" – eine mehrdeutige Aussage wie diese ist im Alltag keine Seltenheit. Die Aussage ist deswegen mehrdeutig, da sie „manche Küsten", „einige", „wenige", „die meisten" oder „alle" umfassen könnte. Wenn auf eine solche Äußerung etwas wie „Aber nicht alle!" entgegnet wird, zeigt sich deutlich, dass die Äußerung in ihrer Ausgangsform nicht unmissverständlich quantifiziert war. Im Alltag stellt das auch kein unmittelbares Problem dar. Schwieriger hingegen ist es in der Disputation, wo es darauf ankommt, möglichst präzise und unmissverständliche Fragen zu stellen. In der Disputation wird für jeden fehlenden **Quantor** der **Mehrheitsquantor** mitgedacht. Das obige Beispiel würde also mehrheitlich verstanden werden: „Die meisten Küsten sind meistens traumhaft."

Grob gibt es drei unterschiedliche Kategorien von Quantoren. Der schwächste von allen ist der so genannte Existenzquantor. Das Musterbeispiel für diesen Fall ist die Formulierung „Es gibt…“. Wenn eine Aussage mit einem **Existenzquantor** versehen ist, bedeutet dies, dass es mindestens einen Fall gibt, häufiger ist von „einigen“ oder „manchen“ Fällen die Rede. Eine solche Aussage zu entkräften, ist in der Regel sehr schwierig, da das voraussetzt, dass man zeigt, dass es keinen einzigen Fall gibt, in dem die Aussage zutrifft.

Die nächste Kategorie bildet der so genannte **Mehrheitsquantor**. Enthält eine Aussage einen Mehrheitsquantor, bedeutet dies, dass die Aussage in der Regel typischerweise, mehrheitlich, meistens etc. der Fall ist – aber nicht in *jedem* Fall zutrifft. Auch wenn das Ausgangsbeispiel „Küsten sind traumhaft“ zunächst nicht explizit quantifiziert war, kann man davon ausgehen, dass diese Aussage sich auf den Regelfall bezieht und damit die Mehrheit der Fälle umfasst. Man könnte das Beispiel auch wie folgt umformulieren, um den mitgedachten Quantor explizit zu machen: „Die meisten Küsten sind traumhaft“ oder „Küsten sind in aller Regel traumhaft.“ Um eine mehrheits-quantifizierte Aussage zu entkräften, reicht ein Gegenbeispiel nicht aus. Viel mehr muss man zeigen, dass die Aussage in der Mehrheit der Fälle nicht zutrifft.

Der stärkste Quantor ist der **Allquantor**. Dieser ist auch am leichtesten zu widerlegen: Wenn jemand sagt, dass alle Küsten traumhaft sind, reicht eine einzige Küste, die nicht traumhaft ist, aus, um diese Aussage zu widerlegen. Auch der Allquantor kommt in unterschiedlichen Formulierungen vor, so zum Beispiel „immer“, „alle“, „notwendigerweise“, „in jedem Falle“ – beziehungsweise „nie“, „kein“ etc.

Anwendung: Sie denken sich einen beliebigen Satz aus, der keinerlei Quantoren enthält, und werfen ihn in die Runde. Der Satz sollte dabei weder nur drei Wörter enthalten, noch die halbe Seite eines Buches einnehmen. Die anderen Teilnehmer müssen nun im ersten Durchgang reihum jeweils einen Allquantor an eine bislang unquantifizierte Stelle andocken.

In einem zweiten Durchgang werden die Quantoren der Stärke nach angedockt. Das heißt, in einer ersten Runde fügen Sie nur Existenzquantoren hinzu, darauf Mehrheitsquantoren und schließlich Allquantoren. Um dies an einem Beispiel zu verdeutlichen:

Fahrräder haben bequeme Sättel und gute Bremsen.
Es gibt Fahrräder, die bequeme Sättel und gute Bremsen haben.
Die meisten Fahrräder haben bequeme Sättel und gute Bremsen.
Alle Fahrräder haben bequeme Sättel und gute Bremsen.
Alle Fahrräder haben bequeme Sättel und meistens gute Bremsen.

Alle Fahrräder haben bequeme Sättel und immer gute Bremsen.
Etc.

7.3 Taktisches Fragen

Lernziel: Diese Übung macht Sie mit Gesprächsformen vertraut, die rein auf Fragen basieren. Sie erlernen in der Gruppe, welche Fragekategorien und Strategien in derartigen Situationen von Bedeutung sind, sowie das präzise Formulieren von Fragen.

Übung

Art: Gruppenübung
Aktive Teilnehmer: 3-10
Juroren: –
Übungsdauer: kurz
Schwierigkeit: leicht
Material: –

Beschreibung: Innerhalb der Disputation sind lediglich geschlossene Entscheidungsfragen zugelassen, die vom Defendenten nur mit „Ja" oder „Nein" beantwortet werden dürfen. Dies erfordert von der Opponentin eine gewisse Vertrautheit damit, was man mit Fragen erreichen kann. Ziel der Übung ist es, einen vorher nicht bekannten Begriff anhand von Fragen zu erschließen.

Mit **geschlossenen Fragen** kann lediglich Zustimmung oder Ablehnung zu in der Frage enthaltenen Aussagen erreicht werden. Das bedeutet auch, dass der Antwortende keinerlei zusätzlichen Informationen geben kann. Man kann also nicht fragen: „Was ist Glück?", sondern „Ist Glück ein Zustand der Zufriedenheit?" Der Vorteil besteht darin, dass der Antwortende mit seiner Bejahung oder Verneinung keine unklaren oder unspezifischen Antworten geben kann, sondern eine vom Fragenden formulierte Aussage entweder klar bestätigt oder klar verneint. Ausweichende Antworten sind im Rahmen der Disputation nicht als Antwortmöglichkeit zugelassen.

Je präziser und eindeutiger die Frage formuliert ist, desto besser ist dies für den Fragenden, da Missverständnisse vermieden werden und die Frage höchstwahrscheinlich genauso interpretiert wird, wie sie auch gemeint war. Ein klassisches Beispiel für eine ungewollt missverständliche Frage ist „Kann man sagen, dass Menschen intelligent sind?“ Wird diese Frage bejaht, kann das entweder bedeuten, dass Menschen tatsächlich intelligent sind – oder aber, dass es prinzipiell möglich ist, den Satz zu formulieren „Menschen sind intelligent.“

Begriffe können unterschiedliche Eigenschaften haben, wobei aber nicht jede Eigenschaft im gleichen Maße aufschlussreich über den Begriff ist. Dabei kann etwas notwendig oder zufällig einer Eigenschaft zukommen. Um dies an einem Beispiel zu verdeutlichen: Ein Ball ist notwendig rund. Etwas, das nicht rund ist, würde man nicht als einen Ball bezeichnen. Hingegen kann ein Ball blau oder aus Leder sein, dies ist aber jeweils nicht zwangsläufig der Fall – er könnte auch aus einem anderen Material sein und jede andere Farbe haben. Falls in einer Frage nach einer Eigenschaft von etwas gefragt wird, sollte man sich also stets darüber bewusst sein, dass diese Information unterschiedlich aufschlussreich sein kann.

Wenn einer Sache eine bestimmte Eigenschaft notwendig zukommt, kommt sie ihr in anderen Worten *immer* zu. Hingegen können zufällige Eigenschaften in unterschiedlicher Quantifizierung auftreten: Sie können *typisch, manchmal, selten, gelegentlich, meistens, in aller Regel etc.* zukommen.

Wenn nun – wie in der folgenden Übung – ein Begriff zunächst nicht bekannt ist, sondern anhand von Fragen erschlossen werden soll, empfiehlt es sich, nicht wild darauf los zu fragen, sondern eine Strategie zu verfolgen. Am sinnvollsten ist es, sich **vom Allgemeinen zum Spezifischen** vor zu fragen. Das hat gleich mehrere Vorteile. Wenn der Fragende sich bemüht, zunächst die allgemeine Kategorie eines Gegenstandes zu erfragen, gelingt es ihm damit auch, weitere allgemeine Kategorien auszuschließen, womit zugleich auch sehr viele spezifische Begriffe oder Gegenstände ausgeschlossen werden. Wenn beispielsweise zuerst geklärt wird, ob das Gesuchte zu den Lebewesen oder Gegenständen gehört, ist mit der Antwort jeweils ein sehr großer Bereich an möglichen Antworten ausgeschlossen. Wenn der gesuchte Begriff beispielsweise ein Lebewesen ist, ergibt es keinen Sinn zu fragen, ob der Begriff aus Metall hergestellt wurde oder massenhaft produziert wird, da diese Eigenschaften dem Lebewesen nicht zukommen. Umgekehrt ist es wenig informativ, wenn direkt nach spezifischen Gegenständen gefragt wird („Ist der gesuchte Gegenstand ein Hut?“, „Ist es ein Computer?“, „Ist es eine Straßenlaterne?“). Denn wenn die Antwort auf spezifische Fragen „Nein“ lautet, ist damit lediglich eine Möglichkeit unter vielen ausgeschlossen, nicht aber eine ganze Gruppe von Möglichkeiten.

Anwendung: Diese Übung läuft sehr ähnlich ab, wie die bekannte Fernsehsendung „Was bin ich?“. Ihre Aufgabe ist es zunächst, sich einen Gegenstand auszudenken (Beispielsweise Schimmel, Tisch, Baum etc.), während der Rest der Gruppe die Aufgabe hat, durch taktisch kluges Fragen möglichst schnell auf den gesuchten Begriff zu kommen. Dabei darf jeder der Teilnehmer so lange Fragen stellen, bis eine seiner Fragen mit „Nein“ beantwortet wurde. Angenommen, der von Ihnen gewählte Begriff lautet „Schimmel“, dann könnten strategisch geschickte Fragen beispielsweise wie folgt lauten:

„Handelt es sich um einen Gegenstand?“ – „Nein“
„Handelt es sich um ein Lebewesen?“ – „Ja“
„Ist das Lebewesen ein Vogel?“ – „Nein
(...)
„Hat das Säugetier vier Beine?“ – „Ja“
(...)
„Handelt es sich um ein Pferd?“ – „Ja“
„Handelt es sich um einen Schimmel?“ – „Ja“

Die Runde endet, falls niemand den Begriff innerhalb von 10 Minuten erraten hat. Am Anfang sollten Sie sich dabei lediglich konkrete Begriffe wählen, da unter diesen nahezu jeder dasselbe versteht. Hingegen sind abstrakte Begriffe selten so klar definiert. Wenn Sie jemanden auf der Straße fragen, was er unter „Liebe“ oder „Attraktivität“ versteht, bekämen Sie vermutlich so viele unterschiedliche Antworten, wie Sie Leute fragen – auch wenn jeder versteht, was ungefähr gemeint ist, wenn diese Begriffe fallen.

Variante: Die Gruppe der Fragenden hat das Ziel, den Begriff mit möglichst wenigen Fragen zu erraten. Hierfür ist natürlich mehr Zeit erforderlich. Deswegen kann man als Begrenzung auch die Anzahl der „Neins“ nehmen. Die Runde endet, wenn der Begriff nach zehn beziehungsweise zwanzig Verneinungen (für konkrete beziehungsweise abstrakte Begriffe) noch nicht gefunden wurde.

7.4 Disputation

Geschichte der Disputation

Die Disputation ist vermutlich die älteste Argumentationsübung, die aus der Antike überliefert ist. Taucht die Grundidee schon im sokratischen Streitgespräch auf, findet sich in der aristotelischen Topik die erste, theoretisch fundierte Anleitung zur Disputation. Mit deutlich flexibilisierten Regeln wurde sie im Mittelalter zu einer der wichtigsten Methoden und

Prüfungsformen. Das Streitgespräch zwischen Martin Luther und Johannes Eck von 1519 ist eine der bekanntesten Disputationen nach diesem Vorbild.

Die Disputation ist die komplexeste aller Argumentationsübungen, die Sie in diesem Buch kennen lernen werden. Ihre Komplexität ermöglicht es, verschiedene Fähigkeiten gleichzeitig zu trainieren, mit denen Sie (größtenteils in isolierter Form) in den vorherigen Kapiteln schon Bekanntschaft gemacht haben.

Doch nicht nur ihre Komplexität unterscheidet die Disputation von den anderen Übungen in diesem Buch. Wie keine andere ist sie einem bestimmten Prinzip verschrieben: dem Agon. In der Antike bezeichnete man damit das Prinzip des produktiven Wettstreits. Ähnliches drückte der antike Philosoph Heraklit mit seinem berühmten Ausspruch „Der Streit ist der Vater aller Dinge!“ aus. Ehrgeiz und Motivation, die sich entfalten, sobald man sich im Wettkampf gegenübersteht, gelten als Triebwerk der Beharrlichkeit und Sprungbrett zu Höchstleistungen. Wo sonst eine Tätigkeit schnell langweilig und schließlich aufgegeben wird, und man schnell damit beginnt, größeren Anstrengungen aus dem Wege zu gehen, reizt der Agon immer wieder von neuem zur intensiven Auseinandersetzung und ermöglicht einen dauerhaften und nachhaltigen Fortschritt.

So lässt sich die Disputation wie Schach oder Fechten über einen langen Zeitraum üben und perfektionieren. Wie diese Sportarten ist sie sogar auch für Turniere geeignet. Und wie jemand, der regelmäßig im Verein Schach spielt, bald außergewöhnliches Können zeigt, erreichen Disputanten, die wöchentlich üben, eine Meisterschaft auf diesem Gebiet, die weit über dem Niveau Ihrer Mitmenschen liegt.

7.5 Die erste Disputation: eine Disputation mit Schwimmflügeln

Da die Disputation recht komplex ist, empfiehlt es sich, sich nicht unbedarft in schwierige Gewässer zu wagen, sondern zuerst Schwimmflügel anzulegen. Im Folgenden wird daher zuerst eine Einsteigervariante der Disputation vorgestellt. Diese kommt noch ohne die Regeln für die Zeitnahme und die exakte Bewertung aus und ermöglicht so dem Disputationsneuling, frei von Zeitdruck das grundlegende Konzept kennen zu lernen. Nachdem man einmal, maximal zweimal die Disputation mit Schwimmflügeln erprobt hat, gilt es dann, sich mit den weiterführenden

Aspekten der Disputation vertraut zu machen – den Aspekten, die den sportlichen Wettkampf erst ermöglichen.

Lernziel: Die Rollenverteilung innerhalb der Disputation ist deutlich asymmetrisch und beide Teilnehmer haben stets unterschiedliche Rechte und Pflichten. Dennoch können Sie als Opponentin und Defendent im Wesentlichen die gleichen Fähigkeiten trainieren – wenn auch mit unterschiedlichen Schwerpunkten. Neben dem Finden von Argumenten trainieren Sie vor allen Dingen argumentative Stringenz. Dies gilt für beide Teilnehmer in gleichem Maße: Während Sie als Opponentin Widersprüche des Defendenten erkennen sollten, ist es dessen Aufgabe, Widersprüche zu vermeiden. Damit geht einher, Implikationen und Konsequenzen zu erkennen, die sich aus bestimmten Aussagen ergeben. Aber auch eine allgemeine rhetorische Fähigkeit wird im argumentativen Zweikampf trainiert: den Gegner einzuschätzen. Sie lernen, ein Gefühl dafür zu entwickeln, was die nächsten Schritte Ihres Gegners sein könnten, und diese in Ihre Strategie zu integrieren. Somit können Sie mit Hilfe der Disputation im Wesentlichen alle Bereiche der Argumentation trainieren, die Sie bislang in diesem Buch kennen gelernt haben.

Übung

Art: agonale Übung
Teilnehmer: 2
Juroren: 2+
Übungsdauer: lang
Schwierigkeit: schwer
Material: Schreibzeug

Beschreibung: So wie es Ziel beim Fußball ist, den Ball möglichst häufig ins gegnerische Tor zu manövrieren, und es im Schach gilt, den Gegner Schachmatt zu setzen, haben natürlich auch die Teilnehmer einer Disputation ein definiertes Ziel – genauer: zwei Ziele. Sie werden von den Teilnehmern während des Streitgespräches parallel zueinander verfolgt, wobei – ähnlich wie beim Boxkampf – der Sieg sowohl durch ein K.O. als auch durch Punkte erfolgen kann.

Zunächst zum K.O.: die **Prüfung auf Schlüssigkeit**. Hier wird überprüft, ob der Defendent sich in Widersprüche verwickelt hat. Das kann auf zwei Arten geschehen. Angenommen in einer Disputation entscheidet sich der Defendent, die These „Unrecht leiden ist in jedem Fall besser als Unrecht tun“ zu verteidigen. Später stellt seine Opponentin ihm die Frage, ob das Leben eines ungerechten Gefängniswärters besser sei als das seines zu Unrecht verurteilten Gefangenen. Der Defendent begeht den Fehler die Frage zu bejahen. Denn durch jede Antwort (ganz gleich, ob „Ja“ oder „Nein“) legt er sich über seine ursprüngliche These hinaus auf eine weitere Grundannahme (das heißt Prämisse) fest – in diesem Fall, dass das Leben des Wärters besser sei als das des Gefangenen. Jede solche Prämisse kann die Opponentin nun verwenden, um einen Widerspruch aufzuzeigen. Und hier liegt ein Widerspruch zwischen der These „Unrecht leiden ist in jedem Fall besser als Unrecht tun“ und der zugestandenen Prämisse vor, da *ein Fall* zugestanden wurde, auf den die ursprüngliche These nicht zutrifft, in dieser aber von *allen Fällen* die Rede war. Ein solcher Widerspruch zwischen der ursprünglichen These und durch späteren Antworten zugestandenen Prämissen heißt **Hauptwiderspruch**. Der Hauptwiderspruch ist der K.O.-Sieg der Disputation. Lässt sich ein solcher Hauptwiderspruch feststellen, wird die Disputation abgebrochen und die Opponentin zum Sieger erklärt.

Daneben gibt es noch eine zweite, nicht ganz so gravierende Art von Widersprüchen in der Disputation: den **Nebenwiderspruch**. Hier besteht der Widerspruch nicht zwischen der These selbst und den zugestandenen Prämissen. Vielmehr sind es nur die Prämissen, die *untereinander* widersprüchlich sind. Angenommen in der obigen Disputation zur These „Unrecht leiden ist in jedem Fall besser als Unrecht tun“ fragt die Opponentin, ob Unrecht genau dann vorliegt, wenn die Mehrheit der Menschen Schaden nimmt. Der Defendent bejaht dies. Auch bejaht er die Frage, ob es für Unrecht notwendig ist, dass es durch Handeln zustande kommt. Jetzt kann er mit der Frage, ob eine Flut, bei der die Mehrheit der Menschen Schaden nehmen, ein Unrecht ist, in die Ecke gedrängt werden: Antwortet sie mit „Ja“, so besteht ein Widerspruch zwischen dieser Antwort und der Prämisse, dass Unrecht nur durch Handeln zustande kommt (da eine Flut in der Mehrheit der Fälle nicht durch Handeln, sondern Naturereignisse zustande kommt). Antwortet sie aber mit „Nein“, so steht die Antwort im Widerspruch zur Prämisse, dass Unrecht genau dann vorliegt, wenn die Mehrheit der Menschen Schaden nimmt. Da aber keiner dieser beiden Widersprüche zwischen der These „Unrecht leiden ist in jedem Fall besser als Unrecht tun“ und den zugestanden Prämissen besteht, sondern sich alleine aus den Prämissen selbst ergibt, handelt es sich nicht um einen Hauptwiderspruch, sondern nur um einen Nebenwiderspruch. Die Disputation ist somit nicht vorbei und der Defendent nicht K.O – allerdings schon angezählt!

Natürlich lassen sich nahezu alle Widersprüche mit ausreichend Scharfsinn vermeiden. Man muss lediglich frühzeitig die entsprechenden Antworten geben. Auf diese Art lässt sich die Klippe des Widerspruchs leicht umschiffen – allerdings oft um den Preis, dass man gefährlich nahe an die zweite Klippe gerät. Nicht eine Niederlage durch K.O., sondern nach Punkten droht. Neben der Prüfung auf Schlüssigkeit zeigt hier das zweite Ziel der Disputation seine Relevanz: die **Prüfung auf Endoxität**. Hierbei ist zu prüfen, wie **endox** (dem reflektierten Urteil der Zuhörerschaft entsprechend) oder **adox** (dem reflektierten Urteil der Zuhörerschaft widersprechend) die für die Widerspruchsfreiheit der These notwendigen Prämissen sind. Der Defendent sollte es dabei möglichst vermeiden, adoxe (also absurde) Prämissen zuzugestehen – sich aber dabei natürlich nicht in Widersprüche verstricken. Genau um diese Gratwanderung geht es: Welche Aussagen kann man sinnvollerweise vertreten, ohne sich dabei in Widersprüche zu verstricken oder aber absurde Prämissen zuzugestehen?

Endox/adox

In der Antike bedeutete „endox“ „anerkannte Meinung“. Dabei war von entscheidender Bedeutung, ob diese Meinung von der Mehrheit beziehungsweise von Fachleuten beziehungsweise von diesen von der Mehrheit oder den anerkanntesten unter ihnen vertreten wurde. Das Kriterium der Mehrheit ist in einer pluralistischen Gesellschaft, in der keinerlei Konsens mehr über die Korrektheit von Werten und Wissen besteht, kaum noch anwendbar.

Absurde Prämissen werden in diesem Kontext gleichbedeutend mit adoxen Prämissen verstanden. Endox, das Gegenteil von adox, wird im Kontext der Disputation als das „eigene, wohlinformierte, reflektierte Urteil“ verstanden. Dabei wird die Mehrheitsmeinung nicht vollständig ausgeklammert, aber gilt für den Juror nicht mehr als einziges ausschlaggebendes Kriterium. Es ist kaum möglich, mit anderen Menschen zu diskutieren – oder zu disputieren – wenn nicht ein Mindestmaß an Aussagen von diesen ebenfalls als endox angesehen wird (siehe Kapitel 1, Seite 16). Meistens ist dieses Mindestmaß an endoxen Prämissen ohnehin vorhanden, ohne dass dies explizit erwähnt wird. Beispiele für sehr endoxe Prämissen sind „Mord ist schlecht“, „Bildung ist wichtig“, „Demokratien sind besser als Diktaturen“ usw. Je weiter eine Prämisse vom „Common Sense“ entfernt ist, desto adoxer ist sie. Die meisten Prämissen befinden sich ohnehin zwischen diesen Extremen und sind weder völlig endox, noch völlig adox. Es ist außerdem ganz normal, dass jeder einige adoxe Prämissen vertritt, und dass in unterschiedlichen Gruppen unterschiedliche Prämissen als endox oder adox gelten.

Anwendung: Die moderne Disputation durchläuft **drei Phasen**: Exposition, Examination und Evaluation. Ziel der **Exposition** ist es, in das Thema einzuführen. Die These wird ausgewählt, erste Gründe, die für sie sprechen, dargelegt und die zentralen Begriffe der Disputation werden erläutert.

Nun folgt das Kernstück der Disputation: die **Examination**. Hier versucht die Opponentin durch ihre Fragen den Defendenten in Widersprüche zu verwickeln.

Gelingt es ihr dabei nicht, einen Hauptwiderspruch erfolgreich nachzuweisen, so schließt die Evaluation die **Disputation** ab. Die Juroren prüfen, ob der Defendent sich nur durch adoxe Antworten dem Widerspruch zu entziehen vermochte.

Grundsätzlich benötigt man für eine Disputation mindestens **vier Teilnehmer**: eine Opponentin, einen Defendenten und zwei oder mehr Juroren. Aufgabe der Juroren ist es, zu bewerten, wer seine Seite erfolgreicher vertreten konnte. Außerdem müssen sie entscheiden, ob die von der Opponentin angemeldeten Widersprüche tatsächlich vorliegen.

7.5.1 Die erste Phase: die Exposition

Die Disputation beginnt mit der Wahl der These durch den Defendenten. Er erhält darauf genügend Zeit, sich Gedanken über seine Strategie zu machen und ein **Einleitungsstatement** vorzubereiten. In diesem Statement sollte er mögliche Einschränkungen vornehmen (wenn die These „Alle Religionen sind ein Übel“ lautete, ließe sich hier anmerken, dass deswegen nicht alle Auswirkungen der Religionen ebenfalls übel seien). Ebenso können erste Begründungen angerissen werden (beispielsweise die Unverträglichkeit von Religion und Wissenschaft), sowie veranschaulichende Beispiele genannt werden (beispielsweise wie die Kirche zu Beginn der Neuzeit wissenschaftliche Erkenntnisse zurückhielt). Nach dieser Rede hat die Opponentin die Möglichkeit, **drei offene Fragen** zu stellen. Das heißt, dass sie diese Fragen nicht notwendigerweise so formulieren muss, dass der Defendent nur mit „Ja“ oder „Nein“ antworten kann. Sie kann beispielsweise nach Definitionen der in der These enthaltenen Begriffen fragen: „Was ist eine Religion?“ oder „Was bedeutet es, religiös zu sein?“ Hierbei ist die Opponentin aber nicht lediglich auf Definitionen beschränkt, sondern kann alles fragen, was ihr relevant und nützlich erscheint (beispielsweise „Warum sind Religionen ein Übel?“).

Wichtig für den weiteren Verlauf ist, dass alles, was der Defendent in seinem Einleitungsstatement anführt, ihn nicht bindet. Zweck dieser Rede ist es, die Disputation schmackhaft zu machen. Seine tendenziösen Darstellungen sollen dem Defendenten daher später nicht das Genick brechen. Nur die Antworten auf die drei offenen Fragen sind – im Gegensatz zum Rest der Exposition – für den Rest der Disputation *bindend.* Das heißt, dass die Opponentin die Antworten, so wie sie vom Defendenten gegeben wurden, jederzeit dafür nutzen darf, Widersprüche aufzudecken. Er legt sich mit seinen Antworten also auf deren *exakten Wortlaut* fest.

Nach den drei offenen Fragen erhält die Opponentin nun Zeit, ihre Fragen vorzubereiten. Sobald sie damit fertig ist, wird zur zweiten Phase der Disputation übergegangen.

7.5.2 Die zweite Phase: die Examination

Die Examination – oder Prüfung – ist das Herzstück der Disputation. Während dieser Phase ist die **asymmetrische Rollenverteilung** zwischen den Teilnehmern am deutlichsten. Die Aufgabe der Opponentin ist es, die These auf **Schlüssigkeit** und **Endoxität** hin zu prüfen. Als Mittel hierzu hat sie ausschließlich **geschlossene Fragen** zur Verfügung. Der Defendent kann und darf diese eigentlich nur mit „Ja“ und „Nein“ beziehungsweise in Ausnahmefällen mit „Unklar“ und „Irrelevant“ beantworten. Mit „Unklar“ darf er nur dann antworten, wenn ihm die Grammatik oder Bedeutung der Frage tatsächlich unklar ist, jedoch nicht etwa, wenn er sich nicht für eine Seite entscheiden möchte oder kann. „Irrelevant“ hingegen sind lediglich diejenigen Fragen, die entweder keine Meinung beziehungsweise kein Allgemeinwissen abfragen oder für die These tatsächlich irrelevant sind. Ein Beispiel für eine solche Frage ist: „Fließen jährlich mehr als 190.000m^3 Wasser durch den Amazonas?“ Das Fachwissen, das in diesem Beispiel abgefragt wird, ist zu spezifisch, als dass es von den Disputanten vorausgesetzt werden könnte. Wenn die Opponentin zur These „Attraktivität ist wichtiger als Intelligenz“ beispielsweise die Frage stellt „Ist Attraktivität bei der Partnerwahl wichtiger als Intelligenz?“, sollte er hingegen abwägen, welche Antwort wahrscheinlicher ist beziehungsweise mit welcher Antwort er sich für die Verteidigung der These in weniger Schwierigkeiten begibt.

Um ihr Ziel zu erreichen, ist die Opponentin gut beraten, sich im Vorfeld zu überlegen, welche Elemente nötig sind, damit tatsächlich ein Widerspruch vorliegt. Häufig kommt es vor, dass hierfür mehrere Fragen notwendig sind. Damit die Juroren den Widerspruch ebenfalls als solchen anerkennen, sollte also kein relevantes Element ausgelassen werden. Im Folgenden ein Beispiel, in dem mehrere Schritte notwendig waren, um einen Widerspruch aufzudecken: Die vom Defendenten verteidigte These lautete: „Extremismus zur Verteidigung der Freiheit ist gerechtfertigt."

„Wird durch religiöse Erziehung von Kindern deren geistige Freiheit beschnitten?" – „Ja"

„Ist der Staat Verursacher des staatlichen Religionsunterrichts?" – „Ja"

„Also ist der Staat Verursacher – partieller – Unfreiheit?" – „Nein"

Die Antworten auf diese drei Fragen widersprechen sich untereinander, da die religiöse Erziehung von Kindern – zumindest teilweise – im staatlichen Religionsunterricht stattfindet.

Sollte die Opponentin im Verlaufe der Examination nun also der Meinung sein, dass der Defendent sich in seinen Antworten widersprochen hat, kann sie dies mitteilen. Sobald sie das tut, ist sie natürlich von der Regel, nur Fragen benutzen zu dürfen, befreit. Sie erhält kurz Gelegenheit, vorzutragen, aus welchen Fragen sich der Widerspruch ihrer Meinung nach ergibt und warum es sich dabei überhaupt um einen Widerspruch handelt. Im Anschluss darf der Defendent dazu Stellung nehmen und sich gegen die Anklage verteidigen. Da sich der Widerspruch aus den Antworten ergibt, die er gegeben hat, kann er sich natürlich nicht damit verteidigen, etwas nicht gesagt oder gemeint zu haben. Vielmehr muss er zeigen, dass es sich um eine Fehlinterpretation handelt und man die von ihm gegebenen Antworten sehr wohl sinnvollerweise gleichzeitig aussagen kann.

Im Anschluss an Angriff und Verteidigung des Widerspruchs kommen die Juroren ins Spiel: Sie haben die Aufgabe, darüber abzustimmen, ob tatsächlich ein Widerspruch vorlieg. Wenn in der Abstimmung keine Zweidrittelmehrheit für den Widerspruch erreicht werden kann, gilt er als abgelehnt (siehe hierzu auch Seite 120).

Bei einem **erfolgreichen Hauptwiderspruch** hat die Opponentin die Disputation für sich entschieden. Bei einem **Nebenwiderspruch** wird dies positiv in Form von Punkten für die Opponentin vermerkt und der Defendent muss eine der Antworten, die zum Widerspruch geführt haben, zurückziehen. Wurde der Widerspruch – egal ob Neben- oder Hauptwiderspruch – von den Juroren abgelehnt, wird dies natürlich positiv für den Defendenten vermerkt.

Da Widersprüche aber mit einer Portion Scharfsinn vom Defendenten relativ leicht vermieden werden können, verfolgt die Opponentin parallel noch ein zweites Ziel: dass er **adoxe Prämissen** zugesteht. Wer beispielsweise behauptet, dass Unrecht leiden *immer* besser sei als Unrecht tun, wird – wenn er sich nicht selbst widersprechen möchte – beispielsweise auch zugestehen müssen, dass es auch besser sei, zu Unrecht gefoltert zu werden, als aus Hunger ein Brötchen zu stehlen.

Aufgabe der Opponentin ist es also, neben dem Finden von Widersprüchen, diese Art von absurden Implikationen aufzudecken, die sich aus den Antworten des Defendenten ergeben.

7.5.3 Die dritte Phase: die Evaluation

Wie bereits erwähnt, verfügt die Disputation über ein sehr detailliertes Bewertungssystem. Für die Disputation mit Schwimmflügeln wird daher ein alternatives, **vereinfachtes Bewertungssystem** vorgestellt. Das eigentliche Bewertungssystem finden Sie auf der nächsten Seite).

Zu Beginn der Disputation schreibt jeder der Juroren eine Zahl zwischen 1 und 10 verdeckt auf einen Zettel. Diese Zahl gibt an, für wie endox oder adox sie die These halten, für die sich der Defendent entschieden hat – je adoxer die These, desto höher fällt die Bewertung aus. Eine sehr endoxe These könnte zum Beispiel lauten „Mord ist verwerflich“ oder „Bildung ist wichtig“, wohingegen eine These wie „Willensschwäche gibt es nicht“ oder „Lügen ist immer gut“ vermutlich als sehr adox gelten dürfte. Das gleiche wird nochmals nach Abschluss der Disputation wiederholt. Für jeden erfolgreich angemeldeten Nebenwiderspruch erhält die Opponentin zwei zusätzliche Punkte, für jeden erfolglos angemeldeten verliert sie einen Punkt.

Ist die Summe der Punkte nach so einer Schwimmflügel-Disputation höher als zu Beginn der Disputation, dann hat die Opponentin gewonnen. Bleibt sie gleich oder verringert sie sich, gilt der Defendent als Sieger.

Tipp

Wechseln Sie bald nachdem Sie die Grundlagen verstanden und eingeübt haben, von der einfachen Variante zur vollständigen Version der modernen Disputation – diese ermöglicht Ihnen eine dauerhaftes und abwechslungsreiches Training auf höchstem Niveau.

7.6 Richtig disputieren: die moderne Disputation

Nachdem Sie die Disputation mit Schwimmflügeln ein- oder zweimal ausprobiert haben, ist es an der Zeit, sich ins tiefe Wasser zu wagen und richtig zu disputieren. Nun gilt es, als letzten Schritt in den nächsten zwei Abschnitten sich zwei technischen und daher zum Teil auch ein wenig trockenen Bereichen der Disputation zuzuwenden: den exakten Regeln, nach denen über Sieg und Niederlage entschieden wird, und den Zeitgrenzen, innerhalb derer sich eine Disputation abspielt. Erst diese beiden Bereiche ermöglichen den sportlichen Zweikampf.

Abschließend, bietet Ihnen dieses Kapitel eine Reihe von Tipps und Tricks in Form eines Disputantenleitfadens. Dort finden Sie Erläuterungen zu typischen Strategien für das Vorgehen von Opponentin und Defendent. Darüber hinaus finden Sie im Internet unter *www.utb-mehr-wissen.de* eine Reihe von nützlichen Disputationsmaterialien.

7.6.1 Jurorenkriterien

Um den Gewinner der Disputation zu ermitteln, füllen die Juroren einen Bewertungsbogen aus. Mit diesem werden beiden Teilnehmern für unterschiedliche Leistungen Punkte gegeben, anhand derer sich leicht am Ende ein Sieger ermitteln lässt. In Abb.: 13 – Jurorenbogen wird erläutert, wofür es im einzelnen Punkte zu holen gibt. In der Abbildung sind die einzelnen Bereiche mit Zahlen gekennzeichnet, sodass sich leicht zurückzuverfolgen lässt, um welchen Teil der Bewertung es gerade geht.

(1) Der Defendent erhält für sein **Einleitungsstatement** Punkte (in der Grafik als „pts“ abgekürzt), die sich aus zwei Teilbereichen zusammensetzen: **Auswahl** und **Darstellung.** In der Auswahl wird die Endoxität der These bewertet. Adoxe Thesen sind schwieriger zu verteidigen als endoxe, weil man sehr viel schneller absurde Prämissen zugestehen muss. Deswegen wird der Mut zu adoxen Thesen mit Punkten belohnt: Je mutiger und damit adoxer eine These ist, desto mehr Punkte ergibt dies für den Defendenten. Darüber hinaus wird aber auch noch die Darstellung der These bewertet. Wie deutlich, klar und redegewandt wurde die Exposition vorgetragen? Je besser dieser Vortrag war, desto mehr Punkte gibt es.

(2) Die zweite Möglichkeit für den Defendenten, Punkte zu sammeln, ist die Examination. **Für jede beantwortete Frage** bekommt er einen halben Punkt.

Auswertungsbogen der Disputation

Vorgegebenes Thema:		Juror:
These des Defendenten:		
Raum:	Runde:	Examinationszeit:

Bewertung Defendent	**Bewertung Opponent**
Name:	**Name:**
❶ **Exposition** Auswahl (1-10) ____ Darstellung (0-5) + ____ = ____	*Man muss sich auch nicht mit jedem in eine Disputation einlassen und nicht mit dem, welchen man gerade trifft eine Übung anstellen!* Top. 205a *Daraus folgt, daß unter Hundert kaum Einer ist, der wert ist, daß man mit ihm disputiert. Die Übrigen lasse man reden, was sie wollen!* Schopenhauer

„These verteidigt"		oder „These verloren"
❷ **Examination** (1/2pt x Frage): + ____	❸ **Evaluation** (3 x 1-10pts): 1. Präm ____ 2. Präm. + ____ 3. Präm. + ____ = ____	❹ **Examination** (3pts x min.+30pts): + ____

❺ **Verlorene Nebenwidersprüche** (x 2pts) + ____ **Verlorene Hauptwidersprüche** (x 6pts) + ____	❻ **Nebenwidersprüche** __ (x 10pts) + ____
❼ **Kooperation** (0-10 pts): + ____	❽ **Kooperation** (0-10 pts): + ____
SUMME: = ____	**SUMME:** = ____

Abb. 13: Jurorenbogen

(3) In der Evaluation geht es ans Eingemachte: Nach Abschluss der Examination legt die Opponentin die drei ihrer Meinung nach **adoxesten Prämissen** vor. Sie werden von einem der Juroren der Reihe nach laut verlesen, woraufhin die Opponentin nach jeder Nennung kurz begründet, warum sie diese für absurd hält. Daraufhin hat der Defendent die Möglichkeit, sich kurz zu verteidigen. Jeder der Juroren trägt dann auf seinem Bogen ein, für wie endox oder adox er diese Prämisse hält.

Wichtig dabei ist, dass die Aussagen hier *nicht* im Kontext der Disputation zu bewerten sind. Wenn der Defendent während der Examination ein Zugeständnis gemacht hat, weil er einen Widerspruch vermeiden wollte, wird die Aussage dadurch nicht endoxer. Es geht nicht darum, zu bewerten, wie nachvollziehbar es an der Stelle des Defendenten war, dies zu behaupten – sondern wie absurd seine Antwort *generell* ist.

Falls die Opponentin einen **Hauptwiderspruch** gewonnen hat, wird dieser Teil der Bewertung übersprungen und es wird direkt zum nächsten Kasten übergegangen.

(4) Falls mindestens zwei Drittel der Juroren der Meinung sind, dass ein von der Opponentin angemeldeter Hauptwiderspruch tatsächlich vorliegt, wird die Zeit, welche die Opponentin für die Examination übrig gehabt hätte (siehe Seite 139) mit 3 multipliziert. Zusätzlich bekommt sie in jedem Falle noch 30 weitere Punkte, welche die maximale Punktzahl von (3) vertreten.

(5) Falls die Opponentin im Verlauf der Examination Widersprüche angemahnt hat, die Juroren sie aber abgelehnt haben, ist dies hier positiv für den Defendenten zu vermerken. Dadurch wird verhindert, dass die Opponentin Widersprüche anmahnt, um Zeit zu gewinnen, während die Juroren abstimmen.

(6) Umgekehrt wird sie natürlich für jeden gewonnen **Nebenwiderspruch** mit Punkten belohnt.

(7) und (8) Zu guter letzt gibt es noch **Kooperationspunkte**. Hier bekommen beide Teilnehmer grundsätzlich zunächst die volle Punktzahl. Falls sich aber im Verlaufe der gesamten Disputation einer der beiden Teilnehmer auf eine Weise unfair verhalten hat, die *nicht* schon anderweitig durch das Regelwerk selbst sanktioniert ist, werden hierfür Kooperationspunkte abgezogen. Beispiele für unfaires Verhalten sind absichtliche Störungen oder absichtliches Nicht-Einhalten des Rederechts des anderen.

Mit diesen Kriterien kann sehr leicht ein Sieger ermittelt werden: Es müssen nur noch die Punkte zusammengezählt werden.

Tipp

>> Lassen Sie sich nicht von den zunächst ein wenig technisch wirkenden Jurorenkriterien abschrecken – sie sind ein sinnvolles und tatsächlich relativ simples Hilfsmittel für den fairen dialektischen Wettkampf.

7.6.2 Zeitgrenzen in der Disputation

Ein Turnierschachspiel ginge ewig, gäbe es keine Zeitbegrenzung. Jeder der beiden Schachspieler würde sich seinen nächsten Zug genau überlegen und sämtliche Konsequenzen abwägen. Ein spannendes Spiel wäre nicht möglich.

Gleiches gilt auch für die Disputation. Bliebe der Opponentin ewig Zeit, ihre Angriffe vorzubereiten und könnte der Defendent beliebig lange seine Antworten abwägen, zerfaserte die Disputation. Daher gelten folgende Zeitbegrenzungen, die dafür sorgen, dass eine Disputation (inklusive der Vorbereitungszeiten) in der Regel nicht länger als 30 bis 60 Minuten dauert und spannend bleibt.

In der Exposition gilt: Nachdem der Defendent der Opponentin und den Juroren die These, die er verteidigen möchte, vorgelegt hat, haben beide maximal eine halbe Stunde Vorbereitungszeit (in der Regel reicht deutlich weniger aus). Für die sich anschließende Eröffnungsrede hat der Defendent maximal drei Minuten. Nachdem die Opponentin ihre drei Definitionsfragen gestellt hat, erhält sie nochmals fünf Minuten Vorbereitungszeit, bevor die Examination beginnt.

In der Examination hat die Opponentin maximal zehn Minuten für ihre Befragung des Defendenten. Dem Defendenten bleibt nur ein **kurzer Zeitraum** (maximal 30 Sekunden), um auf eine Frage zu antworten. Gibt er in diesem Zeitraum keine Antwort, wird die Frage so behandelt, als hätte er mit „Ja“ geantwortet.

Ist die Opponentin der Überzeugung, dass ein Widerspruch vorliegt, und möchte die Juroren darüber entscheiden lassen, so wird die Zeitnahme der 10 Minuten für die Befragung gestoppt. Nachdem sie angegeben hat, zwischen welchen Prämissen der Widerspruch vorliegt, ist auch hier nur der kurze Zeitraum von 30 Sekunden gegeben, um darzulegen, worin genau der

Widerspruch besteht. Der Defendent kann ebenfalls kurz Antworten, um den Juroren aufzuzeigen, dass kein Widerspruch vorliegt. Daraufhin kann die Opponentin sich nochmals für eine kurze Entgegnung entscheiden. In diesem Fall hat auch der Defendent ein letztes Mal 30 Sekunden, um zu entgegnen. Danach müssen die Juroren über den Widerspruch wie oben beschrieben abstimmen. Im Anschluss wird die Zeitnahme für die zehn Minuten Befragungszeit wieder fortgesetzt. Dieser Vorgang wird so oft wiederholt, wie die Opponentin einen Widerspruch bei den Juroren anmeldet.

Eine Minute vor Ende der zehnminütigen Fragezeit ist deren nahes Ende mit den Worten „Tempus fugit!“ anzuzeigen. Das Ende der Befragungszeit wird durch die Worte „Hora est!“ kenntlich gemacht.

Mit Beginn der Evaluationsphase erhält die Opponentin maximal drei Minuten, um auszuwählen, welche Prämissen sie den Juroren vorlegt (siehe Seite 136, Jurorenkriterien). Reicht ihr die Zeit nicht, erhält sie nur für die bis dahin ausgewählten Prämissen Punkte.

Wenn beide Seiten versuchen, die Juroren davon zu überzeugen, wie adox beziehungsweise endox die vorgelegten Prämissen sind, gilt das gleiche Procedere wie beim Anmelden von Widersprüchen: Bei jeder Prämisse darf zuerst die Opponentin kurz darlegen, weswegen die Antwort absurd war, dann hat der Defendent eine Replik. Entscheidet sich die Opponentin, darauf zu entgegnen, erhält im Gegenzug auch der Defendent kurz die Möglichkeit zur Gegenrede. Nachdem die Juroren ihre Punkte für die Endoxität einer Prämisse auf ihrem Jurorenbogen vermerkt haben, wird die nächste Prämisse nach gleichem Muster abgehandelt, bis alle drei vorgelegten Prämissen bepunktet sind.

7.7 Strategien und Taktiken: der Disputantenleitfaden

In der Disputation gibt es eine ganze Reihe von Standardstrategien, welche den Disputanten offen stehen. Damit nicht jeder Disputant das Rad wieder von Neuem erfinden muss, bietet folgender Leitfaden eine Reihe von Tipps, wie am geschicktesten vorzugehen ist.

Der Leitfaden ist nach den drei Phasen der Disputation gegliedert. In jeder Phase werden die Strategien für Opponentin und Defendent geschildert.

7.7.1 Exposition: Opponentin

Während der Exposition stellen sich der Opponentin vor allem zwei Aufgaben: Zum einen muss sie für die These des Defendenten ein exaktes

Verständnis entwickeln. Zum anderen hat sie ihre Fragen, vor allem die drei Definitionsfragen, genau zu entwickeln.

Nehmen wir die These „Attraktivität ist wichtiger als Intelligenz". Wenn Sie diese als Opponentin angreifen wollen, ist es unerlässlich die **These** genau zu verstehen. Dazu gilt es, dass Sie ihren Blick zuerst auf die darin enthaltenen Begriffe richten – in diesem Fall die beiden Substantive „Attraktivität" und „Intelligenz" und das logische Prädikat „x ist wichtiger als y". Suchen Sie dabei besonders nach **abstrakten Begriffen**, da diese häufig nicht so klar definiert sind und daher erhöhtes Angriffspotential bieten. Bei unserer Beispielthese hat man als Opponentin das Glück, dass alle drei Begriffe äußerst abstrakt sind. Wenn wir „Attraktivität" hören, denken wir meist an äußerliche, vielleicht an sexuelle Attraktivität. Suchen Sie solche ersten Assoziationen. Und dann suchen Sie Fälle, die von diesen Assoziationen nicht abgedeckt werden. Macht Geld nicht auch attraktiv? Oder sogar Intelligenz? Sollte die Opponentin später Attraktivität zu eng definieren, können Sie in der Examination die Frage „Macht Geld attraktiv?" stellen und damit den Defendenten in Bedrängnis bringen. Gleiches gilt auch für den Begriff der „Intelligenz". Zuerst denken wir dabei an so etwas wie mathematische Intelligenz. Aber bezeichnen nicht Biologen die Fähigkeit, Werkzeuge zu benutzen, schon als Intelligenz? Wieder kann eine zu enge Definition dafür genutzt werden, Widersprüche zu erzielen.

Besonders interessant ist das Prädikat „x ist wichtiger als y". Dabei handelt es sich um eines der besonders häufigen **Bewertungsurteile**. Und Bewertungen haben in der Regel die Eigenschaft, hoffnungslos unpräzise und unterspezifiziert zu sein. In Kapitel 2 (siehe Seite 32) haben Sie in der Topik zu Bewertungsfragen die unterschiedlichsten Arten von Bewertungen kennen gelernt. Meint „wichtiger" „moralisch besser"? Oder „nützlicher"? Und immer wenn von Nutzen geredet wird: Nutzen wofür? Klar ist ein Hammer nützlich. Aber nur, um einen Nagel in die Wand zu schlagen – sicher nicht, um ein Uhrwerk zu reparieren. Und selbst wenn dies geklärt ist: Nutzen für wen? Was nutzt mir ein attraktiver Arzt? Suchen Sie daher die These intensiv nach allen Bewertungen wie „lieber x als y", „wichtiger", „besser", „nützlich", „übel" etc. ab.

Nachdem Sie sich Klarheit über die zentralen Begriffe der These verschafft haben, gilt es, den Blick auf die **Quantoren** zu werfen. Hier gilt im Hinterkopf zu behalten: Ist kein Quantor genannt, gilt der Mehrheitsquantor. Obige These lautet also „Attraktivität ist *in der Mehrheit der Fälle* wichtiger als Intelligenz". Wichtig ist dabei, dass es eine Menge Begriffe außer „alle", „einige", „meistens" gibt, die ebenfalls Quantoren sind. Wenn für

Erfolg Attraktivität *notwendig* oder *zwingend* ist, handelt es sich dabei um einen Allquantor: Alle Fälle von Erfolg haben Attraktivität als Bedingung.

Als nächstes sollten Sie sich daran machen, Ihre drei offenen Fragen vorzubereiten. Es gibt drei Fragetypen, die sich als offene Fragen anbieten. Zum einen wären da **Definitionsfragen**. Sollte die These abstrakte Begriffe wie im obigen Beispiel enthalten, lohnt es sich, sie definieren zu lassen. Üblicherweise geschieht dies durch eine „Was ist x?"-Frage. Um bei Definitionsfragen keine unspezifische Antwort vom Defendenten zu erhalten, bietet sich folgende Fragestruktur an: „Was heißt x im Kontext der These t?" Wichtig ist, dass Sie eine *Frage* stellen. Bei Definitionsfragen ist mancher versucht, *Anweisungen* wie „Definiere x!" zu geben.

Neben Definitionsfragen sind vor allem **Begründungsfragen** lohnend. Denken Sie daran, dass alles, was die Opponentin in ihrer Eröffnungsrede gesagt hat, sie nicht bindet. Das heißt, dass daraus keine Widersprüche konstruiert werden dürfen. Wenn Sie aber das Gefühl haben, dass eine Begründung des Defendenten besonderes Angriffspotential bietet, fragen Sie einfach danach: „Warum ist Attraktivität wichtiger als Intelligenz?" Stellen Sie eine solche Frage immer offen um ein einfaches „Ja" oder „Nein" des Defenden zu vermeiden und ihn zu bindenden Ausführungen einzuladen.

Zuletzt bietet es sich an, **Definitionsfragen zu Ausnahmen** zu stellen. Allquantoren sind für Sie als Opponentin besonders interessant, da sie großes Angriffpotential bieten. Denn nur ein einziges Gegenbeispiel reicht Ihnen aus, um Ihren Gegner zu widerlegen. Leider gesteht er Ihnen deswegen nur selten Allquantoren zu. Bei den drei offenen Fragen haben Sie jedoch die Möglichkeit, Allquantoren durch die Hintertür wieder hereinzuholen. Wenn Ihr Gegenüber nur den Mehrheitsquantor benutzt, können Sie sich eine Definition geben lassen, unter die alle Fälle fallen, die nicht vom Mehrheitsquantor abgedeckt werden: „Wie sind all die Fälle bestimmt, in denen Attraktivität nicht wichtiger als Intelligenz ist?"

Mit den Antworten auf diese drei Fragentypen ausgestattet sollten Sie nun genug Angriffspotential für Ihre Fragen in der Examination haben. In den fünf Minuten Vorbereitungszeit, die Ihnen noch bleiben, sollten Sie nach Gegenbeispielen zu allen Definitionen und Allquantifizierungen suchen. Desweiteren gilt es, nach Begründungen für solche Thesen zu suchen, die mit der Hauptthese oder deren Begründungen im Widerspruch stehen. Daraus lassen sich Fragestränge bilden, welche den Defendenten in Bedrängnis bringen werden.

Tipp

>> Haben Sie zu Beginn der Disputation noch keine gewitzten „gemeinen“ Fragen für den Defendenten? Dann fragen Sie einfach dass, was Sie tatsächlich am meisten an der Position interessiert.

7.7.2 Exposition: Defendent

Wie wir bereits gesehen haben, kann der Defendent innerhalb der Exposition für zwei Bereiche Punkte erhalten: **Mut und Darstellung** (siehe Seite 136). Entsprechend sollten Sie sich als Defendent zu Beginn um die Auswahl Ihrer These gründlich Gedanken machen. Einerseits sollte sie nicht zu endox sein, damit Ihnen die „Mutpunkte“ nicht verloren gehen. Andererseits sollten Sie aber auch im Hinterkopf behalten, dass zu viel Mut während der Examination fatale Folgen haben kann. Achten Sie deshalb ganz besonders auf die Quantifizierung Ihrer These (siehe hierzu die Übung „Was, wie viel und wann?“, Seite 123). Welche **Quantoren** sind explizit vorhanden? Und an welchen Stellen wird der Mehrheitsquantor angenommen?

Während Sie Ihr Einleitungsstatement halten, sollten Sie sowohl klarstellen, welche Bedeutung die Begriffe, die in der These vorkommen, haben, als auch erste Begründungen für Ihre These anreißen und Beispiele nennen. Indem Sie deutlich machen, was Sie mit den verwendeten Begriffen meinen, nehmen Sie der Opponentin ein wenig den Wind aus den Segeln – so kann sie Begriffe nicht mehr nach Belieben umdeuten. Aber seien Sie vorsichtig: Sie haben ebenfalls keine **Definitionshoheit**. Wenn in Ihrer These beispielsweise der Begriff „Religion“ vorkommt, können Sie die Bedeutung des Begriffes nicht lediglich auf das Christentum beschränken. Im Groben gilt der allgemeine Sprachgebrauch als Richtwert. Weichen Sie von diesem ab, riskieren Sie, dass die Opponentin Ihre Definition in der Evaluation als strittige Prämisse vorlegt. Stimmen Sie allerdings einer von der Opponentin vorgeschlagenen Definition zu, sind Sie für den Rest der Examination darauf festgelegt.

Ihr Einleitungsstatement ist für die Opponentin ein erster Anhaltspunkt für die Vorbereitung eines Angriffes. Häufig kommt es vor, dass sie an Elemente aus diesem anknüpft. Dies können Sie sich zu Nutze machen, indem Sie sie auf die falsche Fährte locken. Das kann beispielsweise dadurch geschehen, dass Sie Ihre These mit einem Vergleich illustrieren, der teilweise hinkt. Die These „Attraktivität ist wichtiger als Intelligenz" könnten Sie mit dem Beispiel „... und natürlich sind attraktive Schauspieler erfolgreicher als intelligente Models!" illustrieren. Ebenfalls kommt es natürlich auf Formulierung an (siehe Kapitel 3, Seite 47).

Aber auch die **Darstellung** an sich wird bewertet. Das heißt, dass es hier auf Klarheit und Überzeugungskraft ankommt. Deswegen sollten Sie darauf verzichten, einen vorher niedergeschriebenen Text einfach nur abzulesen, sondern Ihre Rede möglichst frei halten.

Zu guter letzt hat die Opponentin nach Ihrer Rede die Möglichkeit, Ihnen drei **offene Fragen** zu stellen. Bedenken Sie unbedingt, dass Ihre Antworten darauf für die folgende Examination *bindend* sind. Das heißt, dass Ihre Antworten jederzeit auch dazu genutzt werden können, Widersprüche vorzulegen. Daher gilt: fassen Sie sich kurz. Dies hilft Ihnen und erleichtert das Leben der Juroren, die die Antworten notieren.

>> **Tipp**

Haben Sie Mut auch gegen Ihre eigentliche Meinung zu sprechen: Nur wer beide Seiten analysieren (und damit auch verteidigen) kann, entwickelt ein optimales Verständnis für Streitfragen und fremde Meinungen.

7.7.3 Examination: Opponentin

Während der Examination gibt die Opponentin maßgeblich den Ton der Disputation an. Umso wichtiger ist es, hier keine Fehler zu machen.

Achten Sie daher auf eine **sprachlich korrekte Fragestellung** und vermeiden Sie es, alltagssprachliche Floskeln einfließen zu lassen, die streng genommen das logische Gerüst der Frage umkrempeln. Wenn Sie als Opponentin fragen: „Glaubst du, dass attraktive Frauen erfolgreich sind?", dreht sich die Frage auf Grund der **expliziten Ansprache** um die Meinung des Gegenübers und nicht um den Sachverhalt. Dass attraktive Frauen erfolgreich sind, wird eine gewisse Strittigkeit haben. Dass aber Person XY *glaubt*, dass attraktive Frauen erfolgreich sind, ist eine völlig andere Behauptung.

Ebenso verfänglich ist die Frage „War Marilyn Monroe (etwa) nicht erfolgreich?". Wenn ich diese Frage bejahe, habe ich mich auf die Aussage festgelegt, dass Marilyn Monroe *nicht* erfolgreich war. Denn im Deutschen wird das „nicht" in Fragesätzen häufig als **Suggestionsnegation** gebraucht

– also gerade nicht um eine Tatsache zu verneinen, sondern um zu unterstreichen, dass das Gegenüber der Tatsache zustimmen soll. Rein logisch betrachtet, wird der Satz aber verneint. Daher sollte man solche Suggestionsnegationen meiden.

Als letztes Problem stellen sich **verweisende Fragen**. Fragen Sie „Wird Attraktivität hoch geschätzt?“ und danach „Ist die Tatsache, dass dies so ist, wünschenswert?“, so verweist ihre zweite Frage auf die erste. Da aber in einer Disputation die Fragen außerhalb ihres Kontextes betrachtet werden, ist völlig unklar, worauf die zweite Frage zielt. Daher nehmen Sie sich die Zeit, Ihre Frage ohne Verweis zu formulieren: „Ist die Tatsache, dass Attraktivität hoch geschätzt wird, wünschenswert?“

Neben dem logisch korrekten Fragen sollten Sie als Opponentin darauf achten, Ihre **Fragestrategie nicht offen zu legen**. Das heißt, der Defendent sollte nicht anhand Ihrer Fragen merken, auf welchen Widerspruch Sie hinaus wollen. Dies erreichen Sie, indem Sie die **argumentativen Äste vermischen**. Sie haben sich unterschiedliche Fragestränge zurechtgelegt, um unterschiedliche Widersprüche zu erzielen. Wenn Sie zuerst einen Fragestrang abarbeiten und dann zum nächsten übergehen, wird der Defendent sogleich erkennen, was das Ziel eines Fragestrangs ist. Mischen Sie dagegen die Fragen aller Stränge wild durcheinander, so hat er größere Schwierigkeiten, Ihre Strategie zu durchschauen.

Schließlich sollten Sie darauf achten, nicht **zu viele Fragen zu stellen**.

Eine ernsthafte Disputation zwischen geübten Disputanten wird selten mit mehr als fünf Punkten Vorsprung gewonnen. Für jede Frage, die Sie als Opponentin stellen, erhält der Defendent aber einen halben Punkt. Daher sollten Sie mit Ihrem gesamten Fragenkontingent haushalten und eine sinnvolle Balance zwischen unterschiedlichen Fragensträngen und gebotener Kürze finden.

Wenn Sie mit dem Gedanken spielen, einen Widerspruch vorzulegen, gilt es vor allem zwei Dinge zu beachten. Die allermeisten vorgelegten Widersprüche scheitern auf Grund der **Quantoren**. Denken Sie daran: Enthält die Aussage keinen Quantor, bedeutet das lediglich Mehrheitsquantor. Wenn die These lautet: „Attraktivität ist wichtiger als Intelligenz“ und Ihre Frage „Ist eine intelligente Bundeskanzlerin wichtiger als eine attraktive?“ bejaht wurde, sollten Sie es tunlichst unterlassen, einen Widerspruch anzumelden. Denn die These geht nur von der Mehrheit der Fälle aus. Und in der Mehrheit der Fälle sind keine Bundeskanzlerinnen involviert. Daher gilt es, zuerst nochmals alle fraglichen Prämissen exakt auf die Quantoren hin zu prüfen. Letztlich sollte man beim Widerspruch **nur so viele Prämis-**

sen wie nötig vorlegen. Die Taktik, einfach einen Wust an Prämissen als Widerspruch anzumelden, in der Hoffnung, die Juroren werden den Widerspruch irgendwie für einen finden, geht meist nach hinten los. Der überforderte Juror wird zu Recht den Grundsatz „Im Zweifel für den Angeklagten" gelten lassen und den Widerspruch nicht gewähren.

Tipp

>> Stellen Sie sich bei jeder Frage auf beide mögliche Antworten ein und durchdenken Sie die Folgen der anderen Antwort auch dann, wenn Sie fest mit dem Gegenteil rechnen.

7.7.4 Examination: Defendent

Als Defendent werden Ihnen innerhalb der Examination allerhand Fragen gestellt, die sie lediglich mit „Ja", „Nein", „Unklar" und „Irrelevant" beantworten dürfen. Dabei haben Sie das Ziel, sowohl Widersprüche als auch das Zugeständnis adoxer Prämissen zu vermeiden. Die Situation kann mit der eines Seiltänzers verglichen werden. Bei einem guten Angriff kann es schnell passieren, dass man zu einer Seite abstürzt, indem man sich entweder selbst widerspricht oder aber eine adoxe Prämisse zugestehen muss. Deswegen sollten Sie sich gut überlegen, was Sie zugestehen und was nicht – potentiell könnte alles gegen Sie verwendet werden. Führen Sie deswegen vor jeder Antwort eine **Schnellanalyse** durch. Welche Quantoren sind explizit in der Frage vorhanden und an welchen Stellen gilt der Mehrheitsquantor? Achten Sie besonders auf **versteckte Quantoren**, die Sie bereits kennen gelernt haben (siehe Seite 123). Welche **Implikationen** folgen aus welcher Antwort? Führt eine der Antworten zu weiteren adoxen Prämissen oder widerspricht sie einer der bisher gegebenen Antworten?

Falls Sie sich in einer **Zwickmühle** befinden, in der zum Beispiel ein „Ja" einen Widerspruch bedeuten würde und ein „Nein" eine sehr adoxe Prämisse, sollten Sie abwägen, für welchen der beiden Fälle die Verteidigung leichter und plausibler erscheint. Denken Sie daran, dass ein durch die Opponentin gewonnener Nebenwiderspruch in jedem Falle 10 Punkte gibt – die Vorlage einer adoxen Prämisse hingegen wird zwischen 1 und 10 bewertet (siehe Seite 136).

Sie sollten außerdem bedenken, dass die Vorlage der Prämissen am Ende **kontextfrei** erfolgt. Das heißt, dass der Kontext der Disputation keine Rolle mehr spielt. Sie können sich nicht damit verteidigen, dass Ihnen nichts anderes übrig blieb, als diese Antwort zu geben, weil Sie sich sonst widersprochen hätten.

Außerdem kann es passieren, dass die Opponentin **verneinte Fragen** (Suggestionsfragen) stellt. Ein Beispiel hierfür wäre: „Ist es nicht der Fall, dass Demokratie die beste Staatsform ist?" – Antworten Sie mit „Ja", würde dies bedeuten, dass Sie Demokratie nicht für die beste Staatsform halten: „Ja, es ist nicht der Fall, dass Demokratie die beste Staatsform ist."

>> **Tipp**
>
> Wenn die Opponentin Sie zu sehr in die Enge treibt, könnte es sinnvoll sein, auf Zeit zu spielen. Jede Antwort wird nach 30 Sekunden automatisch als „Ja" gewertet. Wenn Sie der Frage ohnehin zustimmen wollen, können Sie einen Moment durchatmen und abwarten.

7.7.5 Evaluation: Opponentin

Die meisten Disputationen werden nicht durch einen Hauptwiderspruch, sondern durch die vorgelegten Prämissen in der Evaluation entschieden, daher sollten Sie diese mit besonderer Sorgfalt auszuwählen. Wie bei der Vorlage eines Widerspruchs (siehe Seite 144) sind im Vorfeld nochmals die Quantoren genau zu prüfen. Ansonsten gilt, dass allquantifizierte Prämissen besonders lohnend zur Vorlage sind, da man sie leicht mit einem Gegenbeispiel angreifen kann.

Da der Defendent das letzte Wort bei Rede und Gegenrede zu jeder Prämisse hat, sollten Sie sich im Voraus ausführlich Gedanken zu seiner Verteidigungsstrategie machen, um seine Gegenargumente vorwegzunehmen und bereits in Ihren Beiträgen zu widerlegen.

Sowohl um Ihre eigenen als auch die möglichen Argumente für den Defendenten zu finden, ist, was Sie in Kapitel 2 (siehe Seite 21) gelernt haben, von großem Nutzen. Was die Widerlegung der Argumente angeht, wird Kapitel 4 (siehe Seite 55) hilfreich sein.

>> **Tipp**
>
> Man sollte die Prämissen, bei denen man meint, besonders viel Punkte holen zu können, als erstes vorlegen. Auch die Juroren sind nur Menschen und der Eindruck eines überwältigenden

> Erfolgs mag auf die späteren Prämissen überspringen. Umgekehrt können zu wenig Punkte bei der ersten vorgelegten Prämisse unterbewusst die folgenden diskreditieren.

7.7.6 Evaluation: Defendent

In der letzten Phase der Disputation legt die Opponentin die drei ihrer Meinung nach adoxesten Prämissen vor. Nun ist es Ihre Aufgabe, die Juroren davon zu überzeugen, dass diese gar nicht adox sind.

Die Opponentin hat drei Minuten Zeit, die von ihr ausgewählten Prämissen zu notieren. In dieser Zeit können Sie sich anhand Ihrer Notizen schon einmal **auf mögliche Angriffe vorbereiten**, indem Sie sich überlegen, wie Sie die Argumente der Opponentin entkräften könnten. Beachten Sie, dass Sie hierfür lediglich 30 Sekunden Zeit haben. Verteidigungsstrategien bestehen darin, den exakten Wortlaut und die verwendeten Quantoren zu prüfen. Die Bedeutung einer Aussage ändert sich in Abhängigkeit des Quantors. Das heißt für Sie, dass Sie lediglich den tatsächlich vorhandenen Quantor verteidigen müssen – nicht mehr, aber auch nicht weniger. Weiterhin sollten Sie die Frage auf indirekte Rede prüfen. Wenn die Opponentin beispielsweise eine Frage wie „Kann man sagen, dass Mord eine gute Sache ist" – „Ja" – vorlegt, können Sie zu Ihrer Verteidigung vorbringen, dass lediglich gefragt wurde, ob man das sagen kann. Daran dürfte kein Zweifel bestehen – wobei das natürlich etwas anderes ist, als zu behaupten, Mord sei gut.

Es empfiehlt sich weiterhin nach besonders treffenden **Gegenbeispielen** zu suchen. Sie können in der Verteidigung dazu eingesetzt werden, den Fall zu illustrieren und den Juroren den Fall möglicherweise in einem Licht zu präsentieren, in dem sie ihn vorher noch nicht gesehen haben.

> **Tipp**
>
> Hören Sie sehr genau zu: Manchmal muss man sich gegen bestimmte Schwachpunkte gar nicht verteidigen, weil Gegner und Juroren sie noch nicht bemerkt haben.

7.8 Ausblick: eine neue Welt

Mit dem in diesem Kapitel präsentierten Material können Sie sicher viele spannende und unterhaltsame Disputationen bewältigen. Vielleicht werden sich Ihnen Fragen stellen, auf die Sie hier keine Antwort finden. Diese bieten Ihnen jedoch die ausführlichen und kommentierten Regeln der Disputation (www.dialektische-gesellschaft.de). Dort finden Sie die exakte Handhabe auch für Bereiche, auf die hier aus Platzgründen nicht eingegangen werden kann. Und sollte Sie die Lust gepackt haben, können Sie dort auch die Turnierregeln nachschlagen und den argumentativen Zweikampf auf die Spitze treiben.

Doch damit erschöpft sich das weite Feld der Disputation noch nicht. Wie es im Schach unzählige Varianten gibt, so kennt auch die Disputation ihre Abwandlungen für Anfänger und Fortgeschrittene. Diese, sowie noch eine Vielzahl an Vorübungen, einen ausführlichen Disputantenleitfaden und vieles mehr bietet das „Handbuch der Disputation“. Mit nur wenig Übung werden Sie sich den weiten Horizont des argumentativen Wettstreits erschließen. Die „großen Fragen des Lebens“ (oder auch die witzigen) wollen geklärt werden. Auf höchst unterhaltsame Art und Weise mit seinen Freunden seine Zeit zu verbringen und dennoch einen messerscharfen Verstand zu erwerben, schließen sich nicht aus – dank der Disputation. Lernen Sie, mit Worten zu fechten!

8. Schlüsselkompetenz Argumentation: Und was dann?

In sieben Kapiteln und zahlreichen Übungen wurden die unterschiedlichsten Aspekte der Argumentation vorgestellt. Egal ob neue Argumente benötigt werden oder es die Argumentation des Gegners zu widerlegen gilt, dieses Buch zeigte den Weg, wie man nicht wie das sprichwörtliche blinde Huhn nach einzelnen Körnern pickt, sondern sich systematisch einem Fall nähert und das weite Feld der offenen Möglichkeiten überblickt.

Doch heißt dies, dass man erfolgreich sein wird? Dass man den Partner vom Strandurlaub in Dubrovnik überzeugen kann? Ein wichtiger Schritt (vielleicht sogar der wichtigste) ist gemacht. Doch die präzise Schärfe der Argumentation ist nicht alles. Es gilt auch, sie zu lenken und am richtigen Punkt anzusetzen – sonst schneidet man sich ins eigene Fleisch. Die richtige Verpackung und den richtigen Moment zu wählen, wurde bereits in den Kapiteln 3 und 6 angesprochen. Damit wurden erste Schritte ins weite Feld der **Rhetorik** gewagt. Sollte darüber hinaus Interesse an rhetorischem Geschick bestehen, so sei an dieser Stelle auf das „Trainingsbuch Rhetorik" (siehe Seite 153) verwiesen. Dort werden anhand vielseitiger Übungen viele Teilbereiche der Rhetorik abgehandelt, die nicht mehr zum Kerngebiet des vorliegenden Buches gehören.

Es gibt viele Fähigkeiten, die man im Leben erwerben kann. Die von Argumentation und Rede haben den Vorzug, frei von Voraussetzungen zu sein. Kein Gerät ist für sie vonnöten. Und sie werden immer gebraucht, wenn Menschen zusammenkommen. Es sind wahrhaft **Schlüsselkompetenzen**.

9. Weiterführende Literatur

Aristoteles (2004): Topik. Übers. von Tim Wagner und Christof Rapp, Philip Reclam jun.
Die Topik des Aristoteles ist der „Urgroßvater" des vorliegenden Buches. Es ist das erste Argumentationstrainingsbuch des Abendlandes. Aristoteles entwirft in ihm ein dialektisches Trainingsformat, das als Vorlage für die im sechsten Kapitel vorgestellte Disputation diente. Vor allem aber ist die Topik ein reicher Fundus an zahlreichen Schlussregeln und gibt taktische Ratschläge für dialektische Gespräche.

Bartsch, Tim.-C. et al. (2008): Trainingsbuch Rhetorik, Schöningh UTB.
Wer den Blick über das weite Feld der Argumentation auf die Gesamtheit der Rhetorik richten möchte, findet im „Trainingsbuch Rhetorik" das Gegenstück zu dem vorliegenden Buch. Es handelt sich um die wohl erlesenste Sammlung von rhetorischen Übungen in deutscher Sprache. Von Fragen der Stimmbildung, über den pointierten Stil bis hin zu voll ausgearbeiteten Reden kann sich der Leser in den verschiedensten Übungen und Wettkampfformaten umfangreich schulen.

Eemeren, Frans H. van et al. (1996): Fundamentals of Argumentation Theory: A Handbook of Historical Backgrounds and Contemporary Developments, Lawrence Erlbaum Associates Inc.
Einige der namhaftesten Argumentationstheoretiker der Gegenwart geben in diesem Werk einen Überblick über die bedeutendsten Theorien der Argumentation von Aristoteles bis in die Gegenwart, wobei der Schwerpunkt auf dem 20. Jahrhundert liegt. Ein seitenstarkes Standardwerk für jeden, der sich auf theoretischer Basis mit Argumentation beschäftigen möchte.

Eemeren, Frans H. van, Hrsg. (2001): Crucial Concepts of Argumentation, Amsterdam University Press.
Diese Sammlung von Aufsätzen gibt vom „Argumentationsschema" über „Fehlschlüsse" bis zur „Rekonstruktion" eine Einführung in die wichtigsten Begriffe der Argumentationstheorie. Es richtet sich gerade dadurch, dass zu jedem Begriff eine Zusammenfassung des Forschungstandes geboten wird, an den Einsteiger in die wissenschaftliche Argumentationstheorie. Erwähnenswert sind zudem die äußerst hilfreichen Literaturangaben.

Hägg, Göran (2003): Die Kunst überzeugend zu reden: 44 Lektionen in praktischer Rhetorik, C.H. Beck.
Für alle, die sich einen Überblick über das weite Feld der Rhetorik verschaffen, aber dennoch einen unmittelbaren Mehrwert daraus ziehen wollen, ist dieses Buch genau richtig. Wissenschaftlich fundiert schärft der Autor den Blick für rhetorische Problemfälle, ohne die flachen (und nicht selten falschen) „Tipps“ der landläufigen Ratgeberliteratur zu wiederholen. Das Augenmerk des Buches liegt dabei vor allem auf taktischen und strategischen Fragen und nicht auf praktischen Übungen.

Herrmann, Markus et al. (voraussichtlich 2011): Das Handbuch der Disputation: Die moderne Praxis einer antiken Übungsform, Cullivier Verlag.
Dieses Buch deckt alles ab, was es zur modernen Disputation zu wissen gibt. Neben den kommentierten Regeln und zahlreichen Materialien bietet es einen ausführlichen Disputantenleitfaden, geschichtliche Hintergründe zur Disputation und eine Einführung in das Gebiet der Logik. Außerdem erfährt man alles, was für ein erfolgreiches Training in einem regelmäßigen Disputationskreis notwendig ist.

Hoppmann, Michael (2008): Argumentative Verteidigung: Grundlegung einer modernen Statuslehre, Weidler Verlag.
Zur Verteidigung gegen moralische oder rechtliche Anschuldigungen bietet dieses Buch eine vollständige Systematik auf wissenschaftlicher Grundlage. Aufbauend auf antiken Erkenntnissen und ergänzt um Ergebnisse aus den Rechtswissenschaften sowie der Argumentationstheorie wird die erste substanzielle Weiterentwicklung der argumentativen Verteidigung seit vielen Jahrhunderten erarbeitet.

Kienpointner, Manfred (1998): Vernünftig argumentieren. Regeln und Techniken der Diskussion, Rowohlt.
Auf anfängerfreundliche Art und Weise wird hier der Leser theoretisch fundiert in das schwierige Feld der Argumentation eingeführt. Dabei stehen weniger Tipps und Tricks für den schnellen Erfolg im Vordergrund als reflektierte Ratschläge, die einem helfen, sich zu einem vernünftigen und kritischen Diskussionsteilnehmer zu entwickeln.

Platon (1998): Gorgias oder über die Beredsamkeit. Übers. von Friedrich Schleiermacher, Philipp Reclam jun.
Im „Gorgias" lässt Platon seinen Lehrer Sokrates auf drei Redelehrer treffen und verwickelt sie in ein dialektisches Streitgespräch. Mustergültig kann der Leser hier die dialektische Techniken, wie sie die Disputation trainiert, in Anwendung sehen. Zudem glänzt dieser Meilenstein der europäischen Philosophiegeschichte durch subtil bissigen Humor. Die Unterhaltung des Lesers ist garantiert!

Schopenhauer, Arthur (2009): Die Kunst, Recht zu behalten: In achtunddreißig Kunstgriffen dargestellt, Insel Verlag.
Mit allen Mitteln Recht zu behalten – ganz gleich, ob man überhaupt Recht hat – dies will der Philosoph Schopenhauer mit seinem Buch an Hand zahlreicher Kniffe schulen. Wie man in dialektischen Streitgesprächen als letzter auf dem Feld stehen bleibt – weniger wie man sein Gegenüber vom eigenen Standpunkt zu überzeugen vermag – ist Thema dieser geistreichen und teils amüsant-ironischen Abhandlung.

Toulmin, Stephen E. et al. (1984): An Introduction to Reasoning, Prentice Hall.
Dieses Einführungswerk in die Argumentationstheorie richtet sich zwar vor allem an praktisch Interessierte, vermittelt aber darüber hinaus auch die dafür nötigen theoretischen Grundlagen. Jedes Kapitel des Buches bietet zudem Übungen zu den aufgeführten Inhalten.

Toulmin, Stephen E. (1996): Der Gebrauch von Argumenten, Beltz Athenäum.
Mit diesem Werk ist Stephen Toulmin einer der Begründer der modernen Argumentationstheorie. Er legt hier die philosophischen und theoretischen Grundlagen dieser Wissenschaft und grenzt sie somit von der formalen Logik ab. Obwohl vor „An Introduction to Reasoning" geschrieben, bietet es sich an, dieses Buch zur Vertiefung der dort präsentierten theoretischen Grundlagen zu lesen.

10. Glossar

Im Folgenden werde einige zentrale Begriffe vorgestellt, die in diesem Buch von besonderer Bedeutung sind. Diese Erläuterungen sind eine praktische Handreiche um die gewinnbringende Lektüre zu erleichtern. Sie können (und sollen) aber keine abschließenden Definitionen ersetzen. Für eine genauere Erläuterung der Begriffe sei auf die entsprechenden Kapitel verwiesen.

Adox / Adoxität → (9)
Allquantor → (7)
Antagonist → (6)
Argument → (1)
Argumentation → (2)
Argumentationsschema → (1)
Argumentationsstruktur → (2)
Behauptung → (1)
Defendent → (3)
Disputation → (3)
Einwand → (4)
Endox / Endoxität → (9)
Erwiderung → (4)
Existenzquantor → (7)
Fehlschluss → (5)
Gegenargument → (4)
Grundannahme → (1)
Heuristik → (8)
Kritische Frage → (4)
Mehrheitsquantor → (7)
Opponent→ (3)
Prämisse → (1)
Produkt → (2)
Protagonist → (6)
Prozess → (2)
Quantoren → (7)
Schema → (1)
Schlussregel → (1)
Sophismus → (5)
Spiegelargument → (4)
Standpunkt → (1)
Struktur → (2)
These → (3)
Topik → (8)
Topos → (8)
Trugschluss → (5)
Widerstand → (1)
Zustimmung → (1)

1) Argument: Ein **Argument** bindet die **Prämissen** bzw. **Grundannahmen** der Zuhörerschaft an die **Behauptung** beziehungsweise an den **Standpunkt** des Redners an. Im Erfolgsfall wird damit ein Teil der **Zustimmung** der Zuhörer von ihren Prämissen auf die Behauptung übertragen und damit der **Widerstand** gegen das rhetorische Ziel reduziert. Die Anbindung der (unstrittigen) Prämissen an die (strittige) Behauptung erfolgt mit Hilfe von **Argumentationsschemata** bzw. **Schlussregeln** (z.B. Analogie, Autorität, Kausalität), die zeigen, dass Prämissen und Behauptung in einer relevanten Beziehung zueinander stehen, das heißt, dass man zum Beispiel nicht sinnvollerweise an die Existenz einer bestimmten Prämisse („Alle Menschen sind vor dem Gesetz gleich") glauben kann und gleichzeitig eine Behauptung, die sich daraus ergibt („Wenn eine ledige Person das Recht hat, ihren volljährigen, ledigen Lebenspartner zu heiraten, hat es auch jede andere"), differenzierungslos ablehnen kann.

2) ARGUMENTATION: Sowohl das **Produkt** des Argumentierens, also die Summe der vorgebrachten Argumente, als auch der **Prozess** des Argumentierens wird als **Argumentation** bezeichnet. Die Beziehung einzelner Argumente zueinander in einer Argumentation wird als **Argumentationsstruktur** bezeichnet.

3) DISPUTATION: Eine **Disputation** ist eine streng regelgeleiteter Dialog zwischen zwei Partnern, dem **Defendenten**, der eine strittige **These** vertritt, und der **Opponentin**, die diese These hinterfragt. Ziel der Opponentin in dieser dialektischen Trainingsform ist es, den Defendenten in Widersprüche zu verwickeln oder absurde Konsequenzen seiner These aufzuzeigen.

4) ERWIDERUNG: In Reaktion auf ein Argument des Protagonisten stehen der Antagonistin neben der einfachen Zustimmung vor allem drei Arten der **Erwiderung** zur Verfügung: Mit **kritischen Fragen** prüft sie, ob das vorgebrachte Argument einschließlich seiner impliziten Annahmen vollständig und belastbar ist beziehungsweise sie behauptet in einem **Einwand**, dass das Argument nicht zutritt. Zudem hat sie die Möglichkeit mit einem eigenständigen **Gegenargument** die Behauptung des Protagonisten direkt anzugreifen oder mit einem **Spiegelargument** seine Schlussregel gegen ihn zu wenden.

5) FEHLSCHLUSS: Der Begriff **Fehlschluss** (auch **Trugschluss** oder **Sophismus** genannt) bezeichnet ein Argument oder eine argumentationsähnliche Form der Persuasion, die bestimmte Defizite aufweist, die für die Lösung einer Meinungsverschiedenheit oder die dauerhafte Überzeugung der Zuhörer hinderlich sind. Die bekannteste Liste dieser Formen sind die sogenannten „ad-Fehlschlüsse" (zum Beispiel „ad baculum" – die Androhung negativer Konsequenzen oder „ad hominem" – der Angriff auf den Gespächspartner).

6) GESPRÄCHSPARTNER: Ein Gespräch besteht aus mindestens zwei Personen, dem **Protagonisten** (in diesem Buch männlich) und der **Antagonistin** (in diesem Buch weiblich). Der Protagonist stellt die ursprüngliche Behauptung auf und verteidigt sie, die Antagonistin bezweifelt diese. Im Verlauf eines Gesprächs können die Rollen von Protagonist und Antagonistin wechseln.

7) QUANTOREN: Um die genaue Aussage eines alltagssprachlichen Satzes zu verstehen, bedarf es eines gewissen Grundverständnisses von **Quantoren**, die den Umfang bestimmen, in dem eine Aussage einem Objekt zukommt. Die wichtigsten dieser Quantoren sind der **Allquantor** (alle, im-

mer, notwendigerweise etc.) und seine Negation (keiner, nie etc.), der **Mehrheitsquantor** (die meisten, meistens, normalerweise etc.) und der **Existenzquantor** (es gibt solche, manchmal etc.). Von der Quantifizierung einer Aussage hängen maßgeblich auch ihre Gültigkeit und die jeweiligen Widerlegungsmöglichkeiten ab.

8) Topik: Um dem Redner oder Gesprächsteilnehmer die Auffindung von Argumenten oder anderen Materialien zu erleichtern, hat die klassische und moderne Rhetorik eine Reihe von **Heuristiken** (Findungsmodellen) entwickelt. Die meisten davon basieren auf einer Zusammenstellungen von **Topoi** (von „**Topos**", gr. „der Ort"), d.h. Fundstellen von Argumenten und Vergleichbarem. Eine Sammlung von Topoi wird als **Topik** bezeichnet.

9) Zustimmungsgrad: Um erfolgreich seine strittige Behauptung an die Prämissen der Zuhörer anzubinden, muss der Redner einschätzen, welche Ansichten in seiner Zuhörerschaft vorherrschen, umstritten sind oder abgelehnt werden. Prämissen, die der herrschenden Meinung entsprechen und weitgehend unstrittig sind, werden in der Rhetorik als endox bezeichnet, ihr Gegenteil als adox. Was in einer Zuhörerschaft als **endox** oder **adox** gilt ist dabei stark zeit- und kulturabhängig: Der Satz „Jeder Mensch hat die freie Wahl der Religion" dürfte in den meisten modernen, westlichen Gesellschaften deutlich endox sein, zu anderen Zeiten oder in einigen gegenwärtigen „Gottesstaaten" hingegen ausgesprochen adox.